# segurança e auditoria em sistemas de informação

Maurício Rocha Lyra

2º Edição
Revisada e Ampliada

*Segurança e Auditoria em Sistemas de Informação – 2ª Edição Revisada e Ampliada*
Copyright© Editora Ciência Moderna Ltda., 2017

Todos os direitos para a língua portuguesa reservados pela EDITORA CIÊNCIA MODERNA LTDA.

De acordo com a Lei 9.610, de 19/2/1998, nenhuma parte deste livro poderá ser reproduzida, transmitida e gravada, por qualquer meio eletrônico, mecânico, por fotocópia e outros, sem a prévia autorização, por escrito, da Editora.

**Editor:** Paulo André P. Marques
**Produção Editorial:** Dilene Sandes Pessanha
**Capa:** Marcio Carvalho
**Diagramação:** Daniel Jara
**Copidesque:** Equipe Ciência Moderna

Várias **Marcas Registradas** aparecem no decorrer deste livro. Mais do que simplesmente listar esses nomes e informar quem possui seus direitos de exploração, ou ainda imprimir os logotipos das mesmas, o editor declara estar utilizando tais nomes apenas para fins editoriais, em benefício exclusivo do dono da Marca Registrada, sem intenção de infringir as regras de sua utilização. Qualquer semelhança em nomes próprios e acontecimentos será mera coincidência.

### FICHA CATALOGRÁFICA

*LYRA, Maurício Rocha.*

*Segurança e Auditoria em Sistemas de Informação – 2ª Edição Revisada e Ampliada*

Rio de Janeiro: Editora Ciência Moderna Ltda., 2017.

1. Teoria da Informação 2. Auditoria
I — Título

ISBN: 978-85-399-0773-1

CDD 003.54
657.45

Editora Ciência Moderna Ltda.
R. Alice Figueiredo, 46 – Riachuelo
Rio de Janeiro, RJ – Brasil   CEP: 20.950-150
Tel: (21) 2201-6662/ Fax: (21) 2201-6896
E-MAIL: LCM@LCM.COM.BR
WWW.LCM.COM.BR

06/17

**Dedicatória**

À minha família.
À Cynthia, minha esposa, que tanto me incentivou na continuação desta obra.

# Sumário

**PARTE I**
**SEGURANÇA DA INFORMAÇÃO - CONCEITOS GERAIS**

**01 CONCEITOS E PRINCÍPIOS DE SEGURANÇA DA INFORMAÇÃO** ............... 3
1.1 Segurança da informação ................................................................. 3
1.2 Ativo de informação ......................................................................... 8
1.3 Ataque .............................................................................................. 8
1.4 Vulnerabilidade ................................................................................ 9
1.5 Ameaça ........................................................................................... 10
1.6 Probabilidade ................................................................................. 10
1.7 Impacto .......................................................................................... 11
1.8 Controle .......................................................................................... 11

**02 A SEGURANÇA E O CICLO DE VIDA DA INFORMAÇÃO** ..................... 15
2.1 Ciclo de vida da informação ........................................................... 15
2.2 Riscos e ameaças à informação durante o ciclo de vida ............... 17

**03 A ORGANIZACÃO DA SEGURANÇA** ....................................................... 23
3.1 Modelo de Gestão Corporativa de Segurança ............................... 23
3.2 Os comitês da segurança ............................................................... 24
3.3 Os procedimentos para criação da função segurança da informação organizacional ................................................................ 26
3.4 Security Officer – Os profissionais da segurança da informação .... 29

**04 CLASSIFICAÇÃO E CONTROLE DOS ATIVOS DE INFORMAÇÃO** ........ 39
4.1 Classificação do ativo da informação ............................................ 40
4.2 Monitoramento contínuo ................................................................ 43
4.3 O processo de classificação da informação .................................. 43

## 05 ASPECTOS HUMANOS DA SEGURANÇA DA INFORMAÇÃO ........ 49
5.1 A Engenharia Social .................... 49
5.2 Segurança nos termos, condições e responsabilidades de trabalho ...... 51
5.3 Segurança no processo de seleção de pessoal ................... 51
5.4 Treinamento dos usuários ................... 52

## 06 SEGURANÇA DO AMBIENTE FÍSICO ................... 59
6.1 Segurança em escritórios, salas e instalações de processamento de dados ................... 63
6.2 Segurança de equipamentos ................... 63
6.3 Segurança de documentos em papel e eletrônicos ................... 64
6.4 Segurança de mídias de computador ................... 65
6.5 Segurança no cabeamento ................... 65

## 07 SEGURANÇA DO AMBIENTE LÓGICO ................... 69
7.1 Segurança em redes ................... 69
7.2 Firewall ................... 71
7.3 Perímetros lógicos ................... 72
7.4 Antivírus ................... 73
7.5 Criptografia e Esteganografia ................... 75
7.6 Assinatura e certificado digital ................... 76
7.7 Sistemas de detecção de intrusos ................... 78

## 08 CONTROLE DE ACESSO ................... 83
8.1 Controle de acesso lógico ................... 83
8.2 Controle de acesso físico ................... 85

## PARTE II
## APLICAÇÃO DA SEGURANÇA NO DESENVOLVIMENTO DE SOFTWARE

## 09 MODELOS DE ESPECIFICAÇÃO DA SEGURANÇA NO DESENVOLVIMENTO DE SOFTWARE ................... 93
09.1 ISO/IEC 15.408 – *Common Criteria* ................... 93

09.2 ISO/IEC 27.001 – Sistemas de gestão de segurança da informação (SGSI) ................................................................................................. 94
09.3 ISO/IEC 27.034 – A tecnologia da informação - Técnicas de segurança - A segurança do aplicativo ........................................................ 94
09.4 NIST SP 800-14 – Generally Accepted Principles and Practices for Securing Information Technology Systems .................................. 97

**10 SEGURANÇA DO AMBIENTE DE DESENVOLVIMENTO ........................ 99**

**11 SEGURANÇA NO CICLO DE VIDA DE DESENVOLVIMENTO DA APLICAÇÃO .................................................................................. 107**
11.1. SDL - Security Development Lifecycle .................................... 110
11.2. CLASP - Comprehensive, Lightweight Application Security Process . 116

**12 PRÁTICAS SEGURAS DE CODIFICAÇÃO DE SOFTWARE ..................... 125**
12.1 Boas Práticas de Programação ............................................... 125
12.2 Codificação segura segundo a Microsoft ................................ 128
12.3 Codificação segura no CERT .................................................. 128
12.4 Codificação segura no OWASP ............................................... 129
12.5 Algumas recomendações para construção de código seguro .......... 129

**13 OUTROS ASPECTOS DA SEGURANÇA DA APLICAÇÃO ..................... 143**
13.1 Proteção dos dados do usuário ............................................. 143
13.2 Geração de evidências para auditoria ................................... 143
13.3 Autenticação .......................................................................... 144
13.4 Criptografia ............................................................................ 144
13.5 Autoproteção ......................................................................... 144

**14 GARANTIA DE SEGURANÇA DA APLICAÇÃO ................................... 149**
14.1 O conceito de garantia da segurança ................................... 149
14.2 Os níveis de garantia de segurança ...................................... 149
14.3 Estrutura dos níveis de segurança ........................................ 150

## 15 TESTES DA SEGURANÇA DA APLICAÇÃO .......... 155
15.1 - Testes de software .......... 155

## 16 MÉTRICAS DA SEGURANÇA DA APLICAÇÃO .......... 161
16.1. Métricas de segurança .......... 161
16.2. Monitorização de vulnerabilidades .......... 164

## PARTE III
## AUDITORIA EM SISTEMAS DE INFORMAÇÃO

## 17 FUNDAMENTOS EM AUDITORIA DE SISTEMAS DE INFORMAÇÃO .......... 173
17.1 Introdução .......... 173
17.2 Auditoria de Sistemas .......... 174
17.3 Objetivos da auditoria de sistemas .......... 175
17.4 Abordagem e Tipos de Auditoria .......... 177
17.5 O papel do auditor .......... 178

## 18 CONTROLE E SEGURANÇA NOS SISTEMAS DE INFORMAÇÃO .......... 185
18.1 Controle interno .......... 185
18.2 Natureza e finalidade do controle interno .......... 185
18.3 Classificação geral dos controles internos .......... 186
18.4 Princípios dos controles internos .......... 187
18.5 Tipos de controles internos em sistemas de informação .......... 188
18.6 Ponto de Controle .......... 190

## 19 METODOLOGIA DE AUDITORIA DE SISTEMAS DE INFORMAÇÃO .......... 195
19.1. Definição do objetivo estratégico da auditoria .......... 195
19.2 Análise do ambiente geral .......... 196
19.3 Estrutura da organização .......... 196
19.4 Caracterização do ambiente de operação .......... 196
19.5 Levantamento do sistema de informação a ser auditado .......... 197
19.6 Identificação e inventário dos pontos de controle .......... 197
19.7 Priorização e seleção dos pontos de controle do sistema auditado .... 198
19.8 Organização dos recursos necessários .......... 198

19.9 Avaliação dos pontos de controle ..................................................... 199
19.10 Conclusão da auditoria ................................................................. 199
19.11 Acompanhamento da auditoria ...................................................... 200
Questões para discussão ....................................................................... 202

## 20 USO DE QUESTIONÁRIOS EM AUDITORIA DE SISTEMAS DE INFORMAÇÃO ............................................................................... 203
20.1 Exemplos de questionários ............................................................. 203

## 21 FERRAMENTAS DE AUDITORIA DE SISTEMAS DE INFORMAÇÃO .......... 209
21.1 Ferramentas generalistas de auditoria de tecnologia da informação ... 209
21.2 Ferramentas especializadas de auditoria ........................................ 210
21.3 Programas utilitários em geral ....................................................... 213

### PARTE IV
### PLANOS E POLÍTICAS DE SEGURANÇA

## 22 TÉCNICAS DE AUDITORIA EM SISTEMAS DE INFORMAÇÃO .................. 221
22.1 Dados de teste ............................................................................. 221
22.2 Facilidade de teste integrado ........................................................ 222
22.3 Simulação paralela ....................................................................... 222
22.4 Lógica de auditoria embutida nos sistemas .................................... 223
22.5 Rastreamento e mapeamento ....................................................... 223
22.6 Análise da lógica de programação ................................................. 224

## 23 MELHORES PRÁTICAS DE AUDITORIA DE SISTEMAS DE INFORMAÇÃO ............................................................................... 229
23.1 Comitê de Padrões da Associação de Controle e Auditoria de Tecnologia da Informação ............................................................. 229
23.2 Associação de Auditores de Sistemas & Controles (ISACA) ............ 231

## 24 AUDITORIA NO PROCESSO DE DESENVOLVIMENTO DE SISTEMAS DE INFORMAÇÃO ............................................................................... 233

24.1 Planejamento ..................................................................... 233
24.2 Levantamento do ambiente de desenvolvimento do sistema a ser auditado ............................................................................. 234
24.3 Inventário e eleição dos pontos de controle no ambiente de desenvolvimento de sistemas ............................................. 234
24.4 Avaliação dos pontos de controle ..................................... 234
24.5 Conclusão e acompanhamento da auditoria ..................... 235

## 25 AUDITORIA DE SISTEMAS DE INFORMAÇÃO EM PRODUÇÃO ............... 237
25.1 Planejamento ..................................................................... 237
25.2 Levantamento do sistema a ser auditado ......................... 238
25.3 Inventário e eleição dos pontos de controle ..................... 238
25.4 Avaliação dos pontos de controle ..................................... 239
25.5 Conclusão e acompanhamento da auditoria ..................... 239

## 26 AUDITORIA NO DESENVOLVIMENTO DE SISTEMAS DE INFORMAÇÃO ... 241

## 27 PLANO DIRETOR DE SEGURANÇA ............................................. 243

## 28 PLANO DE CONTINUIDADE DE NEGÓCIO ................................... 249

## 29 PLANO DE CONTINGÊNCIA ....................................................... 255
29.1 Estratégias de Contingência .............................................. 255

## 30 OUTROS PLANOS DA SEGURANÇA ............................................ 259
30.1 Plano de Administração de Crise ...................................... 259
30.2 Plano de Continuidade Operacional .................................. 259
30.3 Plano de Recuperação de Desastres ................................ 259

# ANEXOS

## 1. COMMON CRITERIA FOR INFORMATION TECHNOLOGY SECURITY EVALUATION ......... 263
1.1 Abreviações ......... 263
1.2 Estrutura Geral ......... 264
1.3 Requisitos Funcionais de Segurança ......... 264
1.4 Classes para Assegurar o Ciclo de Desenvolvimento ......... 275
1.5 Níveis de Maturidade ......... 278
1.6 Classe para Assegurar a Manutenção do Sistema ......... 285

## 2. RESUMO DA ISO/IEC 27002 ......... 287

## 3. EXEMPLO DE CICLO DE VIDA DE DESENVOLVIMENTO SEGURO ......... 299

## BIBLIOGRAFIA ......... 307

# PARTE I

# SEGURANÇA DA INFORMAÇÃO CONCEITOS GERAIS

# 01
# CONCEITOS E PRINCÍPIOS DE SEGURANÇA DA INFORMAÇÃO

## 1.1 Segurança da informação

Segurança é um assunto muito discutido na atualidade e tem várias vertentes. Vamos nos concentrar nas questões relativas à informação, pois este bem é cada dia mais valioso!

A informação tem sido colocada como o bem mais precioso do século XXI, tornando-se essencial para os negócios de uma empresa que se insere em ambientes de negócio cada vez mais interconectados.

Como todo bem precioso, a informação também precisa ser protegida. Estamos falando em proteger a informação em suas diversas formas: seja em papel, em e-mails, em banco de dados, planilhas, filmes publicitários, etc. e em seus diversos níveis: corporativos, pessoais, governamentais, etc.

Então, segurança da informação é a proteção da informação dos vários tipos de ameaças garantindo a continuidade do negócio, minimizando o risco ao negócio, maximizando o retorno sobre os investimentos e as oportunidades de negócio.

Sendo assim, temos a segurança da informação diretamente relacionada com a proteção de um conjunto de informações, para preservar o valor que possuem para um indivíduo ou uma organização, independentemente se estão associadas a sistemas computacionais, informações eletrônicas ou mesmo de seus sistemas de armazenamento.

Em outras palavras, ela se refere à proteção existente sobre as informações de uma determinada empresa ou pessoa, ou seja, aplica-se tanto as informações corporativas quanto as informações pessoais.

Na norma ISO/IEC 27002 encontramos a recomendação de que devemos proteger, contra vários riscos, a informação e os processos relacionados, sistemas, redes e pessoas envolvidas nas suas operações são informações que têm valor para o negócio da organização. Ou seja, toda informação que tem valor para uma organização deve ser alvo da segurança da informação.

Seguindo nessa linha, a segurança da informação é a proteção dos sistemas de informação para evitar a negativa de serviço a usuários autorizados, bem como contra a intrusão e a modificação desautorizada de dados ou informações, que estejam armazenadas, em processamento ou em trânsito. Abrange ainda a segurança dos recursos humanos, da documentação e do material, das áreas e instalações das comunicações e computacional.

A segurança da informação está baseada em alguns atributos principais.

Figura 1 – Atributos da segurança da informação

## Confidencialidade

Capacidade de um sistema em permitir que alguns usuários acessem determinadas informações ao mesmo tempo em que impede outros não autorizados a vejam. Em outras palavras confidencialidade é a garantia de que as informações estarão acessíveis apenas aos seus legítimos usuários.

Confidencialidade, segundo a ISO/IEC 27002, é a propriedade que limita o acesso à informação tão somente às entidades legítimas, ou seja, àquelas autorizadas pelo proprietário da informação.

## Integridade

A informação deve estar correta, ser verdadeira e não estar corrompida. Este aspecto procura garantir que a criação da informação foi legítima e que a consistência da informação será garantida ao longo de todo o seu ciclo de vida.

Segundo a norma ISO/IEC 27002, a integridade é a propriedade que garante que a informação manipulada mantenha todas as características originais estabelecidas pelo proprietário da informação, incluindo controle de mudanças e garantia do seu ciclo de vida (nascimento, manutenção e destruição).

## Disponibilidade

A informação deve estar disponível para todos que precisarem dela para a realização dos objetivos empresariais.

Disponibilidade na norma ISO/IEC 27002 é definida como a propriedade que garante que a informação esteja sempre disponível para o uso legítimo, ou seja, por aqueles usuários autorizados pelo proprietário da informação.

## Autenticidade

A Autenticidade é a propriedade que garante que a informação é proveniente da fonte anunciada e que não foi alvo de transformação ao longo de um processo. Ou seja, consiste na garantia da veracidade da fonte das informações. Por meio da autenticação é possível confirmar a identidade da pessoa ou entidade que presta as informações.

## Irretratabilidade ou não repúdio

Propriedade que garante a impossibilidade de negar a autoria em relação a uma transação anteriormente feita. Capacidade do sistema de provar que um usuário executou uma determinada ação no sistema.

Além desses atributos, ainda podemos destacar a **legalidade** que visa garantir que o sistema de informações esteja aderente à legislação pertinente; a **privacidade**, que é a capacidade de um sistema de informações manter anônimo um usuário, impossibilitando o relacionamento entre o usuário e suas ações (por exemplo, o sistema de voto eletrônico) e a **rastreabilidade** como a capacidade de identificar os diversos passos que uma transmissão da uma informação, identificando os participantes, os locais e outros detalhes de cada etapa dessa transmissão, detectando fraudes ou tentativas de ataque.

Outra questão que é tratada pela segurança da informação é a autenticidade. Ela é a certeza de que a informação provém das fontes anunciadas e que não foi alvo de alteração ao longo de um processo. No mundo das telecomunicações, costumamos dizer que uma mensagem será autêntica se for, de fato, recebida na íntegra, diretamente do emissor. A autenticidade se preocupa com a segurança da origem da informação. Autenticidade é a garantia de que você é quem diz ser. Em segurança da informação um dos meios de comprovar a autenticidade é através da biometria que está ligado diretamente com o controle de acesso que reforça a confidencialidade e é garantida pela integridade.

A **legalidade** também está escopo da atenção da segurança da informação. Ela é a garantia, do ponto de vista jurídico, da informação. Ela é a garantia de aderência de um sistema ou informação a uma legislação. Característica das informações que possuem valor legal dentro de um processo empresarial, onde todos os ativos da informação estão de acordo com as cláusulas contratuais acordadas, normativos internos ou a legislação nacional e internacional vigente. A legalidade garante que as informações foram produzidas respeitando a legislação vigente.

Quando falamos em segurança da informação, estamos nos referindo a tomar ações para garantir a confidencialidade, integridade, disponibilidade e demais aspectos da segurança das informações dentro das necessidades do cliente.

Confidencialidade, integridade e disponibilidade são conhecidas como princípios básicos da segurança da informação e comumente são referenciados pela sigla CID.

Um *incidente de segurança* é a ocorrência de um evento que possa causar interrupções nos processos de negócio em consequência da violação de algum dos aspectos listados acima.

Um evento simples ou uma série de eventos de segurança da informação indesejados ou inesperados com uma grande probabilidade de comprometer ou prejudicar as operações do negócio e ameaçar a segurança da informação é considerado como um incidente de segurança.

Um incidente de segurança pode ser definido, então, como qualquer evento adverso, confirmado ou sob suspeita, que esteja relacionado à segurança da informação que acabe gerando a perda de um ou mais atributos da segurança da informação.

Outros fatores relacionados a intempéries da natureza, greves, manifestações etc., também podem gerar um incidente de segurança, pois podem afetar a disponibilidade e a integridade da informação.

Outra classe de incidente de segurança ocorre devido à operação incorreta ou ataque ao sistema.

## 1.2 Ativo de informação

A informação é um ativo que, como qualquer outro ativo importante, é fundamental para os negócios de uma empresa, por isso necessita ser protegida de forma adequada.

A informação é um bem de grande valor para os processos de negócios da organização, mas também devemos considerar a tecnologia, o meio que a suporta, que a mantém e que permite que ela exista, as pessoas que a manipulam e o ambiente onde ela está inserida.

A informação pode existir em diversas formas: impressa ou escrita, armazenada eletronicamente, transmitida por meios eletrônicos, apresentada em filmes ou gravações. Seja qual for a forma de apresentação ou meio pelo qual a informação é compartilhada ou armazenada, ela deve ser considerada como um ativo.

Podemos definir **Ativo de Informação** como qualquer componente, seja humano, tecnológico, físico ou lógico, que sustente os processos de negócio de uma organização ou de parte dela.

Em outras palavras, ativo da informação é composto pela informação e tudo aquilo que a suporta ou se utiliza dela.

## 1.3 Ataque

Um tipo de incidente de segurança caracterizado pela existência de um agente que busca obter algum tipo de retorno, atingindo algum ativo de valor.

Um ataque é a exploração de uma falha na segurança da informação para fins não conhecidos pelo explorador e geralmente são prejudiciais.

Os ataques costumam ocorrer na internet com diversos objetivos, visando diferentes alvos com a utilização de diferentes técnicas. Qualquer serviço, rede ou computador que esteja acessível pela internet pode ser alvo de um ataque.

Alguns motivos que podem gerar um ataque aos ativos da informação são:

**Notoriedade** – o atacante ganha prestígio junto a outros atacantes por ter conseguido sucesso em seu ataque. Também é comum nesse caso existir uma competição entre os atacantes para apurar quem consegue fazer o maior número de ataques ou mesmo atacar com sucesso sites considerados super seguros ou de grande popularidade.

**Motivação financeira** – nesse caso o atacante tem a intenção de coletar e utilizar informações confidenciais de usuários para aplicar golpes ou realizar fraudes.

**Demonstração de poder** – demostrar que uma organização pode ser invadida ou ter seus serviços suspensos e assim tentar vender serviços de proteção ou até mesmo chantageá-la para cessar o ataque.

**Motivações ideológicas** – nesse caso a ideia do atacante é tornar inacessível ou invadir sites que divulguem conteúdos contrários à opinião do atacante.

**Motivações comerciais** – o atacante tem a intenção de tornar inacessível ou invadir sites e/ou computadores de empresas concorrentes, para tentar impedir o acesso dos clientes ou denegrir a reputação das mesmas.

## 1.4 Vulnerabilidade

Os ativos de informação possuem vulnerabilidades ou fraquezas que podem gerar, intencionalmente ou não, a indisponibilidade, a quebra de confidencialidade ou integridade. A vulnerabilidade de um ativo é o seu ponto fraco.

Essas vulnerabilidades poderão ser exploradas ou não, sendo possível que um ativo da informação apresente um ponto fraco que nunca será efetivamente explorado.

Uma vulnerabilidade também pode ser definida como uma condição que, quando explorada por um atacante, pode resultar em violação de segurança. Um ataque de exploração de vulnerabilidade ocorre quando, utilizando-se de uma vulnerabilidade, o atacante tenta executar ações maliciosas, acessar informações confidenciais, disparar ataques a outros computadores ou tornar um serviço indisponível.

Alguns exemplos de vulnerabilidades são falha no projeto das aplicações, implementação ou configuração deficiente de serviços ou equipamentos de rede.

## 1.5 Ameaça

É um ataque potencial a um ativo da informação. É um agente externo ao ativo de informação, que se aproveitando da vulnerabilidade, poderá quebrar um ou mais dos três princípios de segurança da informação.

Ameaças aproveitam-se das falhas de segurança da informação para provocar possíveis danos, perdas ou prejuízos aos negócios de uma organização.

Também podemos definir ameaça como uma causa potencial de um incidente indesejado com um ativo ou grupo de ativos da informação que pode resultar em danos para a organização.

## 1.6 Probabilidade

É a chance de uma falha de segurança ocorrer levando-se em conta as vulnerabilidades do ativo e as ameaças que venham a explorar esta vulnerabilidade.

Observe que poderemos ter um ativo com várias vulnerabilidades, mas sem ameaças de ataque, o que nos leva a uma probabilidade próxima de zero.

## 1.7 Impacto

O impacto de um incidente de segurança é medido pelas consequências que um incidente possa causar aos processos de negócio suportados pelo ativo em questão.

Os ativos possuem valores diferentes, pois suportam informações com relevância diferentes para o negócio da organização. Quanto maior for o valor do ativo maior será o impacto de um eventual incidente que possa ocorrer.

## 1.8 Controle

Até aqui, vimos que os ativos da informação podem possuir vulnerabilidades. Elas podem ser exploradas por uma ameaça e, quando isso acontece, temos um incidente de segurança. Tanto a ameaça quanto a vulnerabilidade podem ser medidas e quantificadas dando a exata noção da probabilidade de acontecer e do impacto do incidente.

Por originar-se em um agente externo, não temos controle sobre as ameaças e, portanto, não podemos agir preventivamente sobre elas.

Já as vulnerabilidades estão sob o contexto da nossa gestão e é necessário concentrar esforços na diminuição das mesmas para mitigar o risco.

Assim, controle é todo e qualquer mecanismo utilizado para diminuir as fraquezas (ou vulnerabilidades) de um ativo da informação, seja um equipamento, tecnologia, pessoa ou processo.

## Caso da vida real - 01

Apple confirma problemas com bateria do iPhone 5S para alguns usuários

*Como sempre pode acontecer com novos aparelhos, a Apple confirmou que o novo iPhone 5S possui um problema de fabricação que causa baixo desempenho de bateria para alguns usuários dos smartphones. As informações são do The New York Times.*

*"Nós, recentemente, descobrimos um problema de fabricação afetando um número muito limitado de aparelhos iPhone 5S que poderiam fazer com que a bateria demore mais para carregar ou resulte em uma duração menor de bateria", afirmou um porta-voz da empresa de Cupertino ao jornal norte-americano.*

*A Apple ainda afirma que está entrando em contato com os donos desses aparelhos com o problema de bateria. No entanto, a companhia não informou quantos iPhones 5S sofrem com o problema – a empresa vendeu 9 milhões de unidades do 5S e do iPhone 5C apenas no primeiro final de semana de lançamento.*

*Vale notar que o NYT destaca que uma bateria com problema é algo diferente de um "problema de fabricação", como apontado pela Apple, indicando que o culpado pelo bug não é necessariamente um componente ruim ou problemático.*

Fonte: http://www.totalsecurity.com.br/noticia/3040/Apple_confirma_problemas_com_bateria_do_iPhone_5S_para_alguns_usuarios

## Caso da vida real - 02

Usuários do Dropbox recebem spam mais uma vez após invasão no ano passado

*Os clientes do Dropbox foram mais uma vez alvos de uma campanha de spam depois do serviço ter sido hackeado ano passado, apesar de o serviço de compartilhamento negar que tenha sofrido uma nova violação de dados, de acordo com a ZDnet.*

*O fórum de suporte da empresa tem dezenas de reclamações de spams por e-mails para contas dedicadas associadas ao serviço.*

*"Tenho uma conta de e-mail da empresa que foi usada apenas para o Dropbox e estou recebendo os mesmos e-mails falsos com golpes usando o Paypal. Isso vem acontecendo desde aproximadamente segunda-feira", reclamou um usuário. "Caso o Dropbox tenha sido afetado, eles já deveriam ter anunciado isso como fizeram o Twitter, Tumblr e Pinterest."*

*Em um anúncio público, representantes do Dropbox disseram que continuam "vigilantes, dados os recentes casos de incidentes de segurança envolvendo outras companhias de tecnologia."*

*Esta é a segunda campanha de spam direcionada aos usuários do Dropbox após a violação dos dados no ano passado. Em Agosto de 2012, usuários da Alemanha, Holanda e Reino Unido, reclamaram de spams de cassinos online e jogos de azar em suas contas de e-mail associadas ao Dropbox.*

*Em Julho do ano passado, o serviço de armazenamento sofreu uma violação de dados após investigar atividades suspeitas na sua rede. A empresa descobriu que nomes de usuários e senhas foram roubados e várias contas foram acessadas durante o ciberataque.*

Fonte: http://www.bitdefender.com.br/security/usu%C3%A1rios-do-dropbox-recebem-spam-mais--uma-vez-ap%C3%B3s-invas%C3%A3o-no-ano-passado.html

## Questões para discussão

1. Que ações podem ser adotadas para garantir cada um dos atributos da informação?

2. Cite dois exemplos de ataques que você tenha visto ultimamente na imprensa.

3. Que ações poderiam ser tomadas para evitar os ataques identificados na questão anterior?

4. Qual a diferença entre vulnerabilidade e ameaça? Cite exemplos.

5. Qual a diferença entre probabilidade e impacto?

6. Os casos da vida real podem ser enquadrados como incidentes de segurança? Explique.

# 02
# A SEGURANÇA E O CICLO DE VIDA DA INFORMAÇÃO

A figura abaixo representa o fluxo seguido pela informação em uma organização. A identificação das necessidades e dos requisitos da informação é a mola propulsora do ciclo da informação. A partir destas definições damos sequência ao processo de obtenção, tratamento, armazenamento, distribuição, uso e descarte da informação.

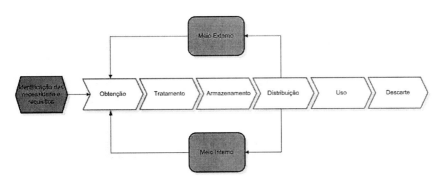

Figura 2 – Ciclo de vida da informação

## 2.1 Ciclo de vida da informação

### Identificação das necessidades e dos requisitos

Desenvolver produtos e serviços informacionais específicos para um grupo de pessoas ou processos envolve conhecer suas necessidades de informação bem como suas características.

Tornar a informação mais útil para os processos ou as pessoas aplicarem na melhoria da tomada de decisão é um dos maiores benefícios desta identificação.

## Obtenção

Nesta etapa são desenvolvidos procedimentos para captura e recepção da informação proveniente de uma fonte externa (em qualquer mídia ou formato) ou da sua criação.

No caso da captura de informações de fontes externas, devemos ter a preocupação com a integridade da informação, ou seja, é preciso garantir que é genuína, produzida por pessoa ou entidade autorizada, está completa e compatível com os requisitos apontados na etapa anterior.

## Tratamento

É possível que antes de ser consumida, a informação precise de alguma organização, formatação, classificação ou análise para poder ser mais acessível e de fácil utilização. É preciso garantir que a informação depois de tratada continue bem integrada como sua confidencialidade.

## Distribuição

Esta etapa consiste em levar a informação até seus consumidores. Quanto mais capilar for a rede de distribuição mais eficiente será esta etapa, fazendo chegar a informação certa a quem necessita dela para a tomada de decisão.

## Uso

Nesta etapa, a informação é usada para gerar valor para a organização. Os conceitos de disponibilidade, integridade e confidencialidade devem ser aplicados em sua plenitude.

## Armazenamento

A fim de assegurar a conservação da informação para uso futuro, torna-se necessário o seu armazenamento. Esta etapa pode se tornar mais onerosa se a informação estiver em vários formatos e mídias. A preocupação com a integridade e a disponibilidade será uma constante e no caso de informação sigilosa, a confidencialidade não pode ser esquecida.

## Descarte

Quando uma informação torna-se obsoleta ou perde a utilidade para a organização, ela deve ser objeto de processo de descarte que obedeça as normas legais, políticas operacionais e exigências internas (Beal, 2005).

Excluir dos repositórios de informação corporativa os dados e informações inúteis melhora o processo de gestão da informação. Entretanto, o descarte de informações precisa ser realizado dentro de condições de segurança, principalmente no que tange ao aspecto da confidencialidade.

### 2.2 Riscos e ameaças à informação durante o ciclo de vida

Uma vez conhecido o ciclo de vida da informação, precisamos nos preocupar com os aspectos de segurança relacionada a cada uma dessas etapas. A figura a seguir mostra os diversos momentos em que a informação está exposta a riscos.

Figura 3 – Ameaças à informação

Já dissemos que a informação deve ser protegida durante todo seu ciclo de vida e durante esse ciclo, os requisitos de segurança costumam variar e devemos investir os esforços adequados à proteção que se fizer necessária em cada fase da vida da informação.

Vejamos, como exemplo, o processo de criação de um novo produto farmacêutico, que durante a sua fase de criação e desenvolvimento as informações sobre o mesmo devem ser tratadas como confidenciais, uma vez que esse mercado é muito competitivo e o volume de investimento é muito alto. Após o término do desenvolvimento, o produto é registrado e patenteado, e boa parte de suas informações passam a ser públicas. Neste caso, passa a ser desnecessário, e oneroso, continuar tratando todas as informações como confidenciais.

## Caso da vida real - 03

Relembre os maiores vazamentos de informação de 2013

*Se tem um motivo pelo qual 2013 será lembrado para sempre na comunidade de segurança de informação, essa razão é a esmagadora quantidade de brechas de segurança e vazamentos de dados. E não estamos nem falando dos escândalos de espionagem da NSA, e sim, de quebras ocorridas em empresas multinacionais, com milhões de usuários diários e produtos que fazem parte do nosso cotidiano.*

*Em um post publicado em seu blog no LinkedIn, o especialista em segurança da informação Mihajlo Prerad lembra os 20 maiores vazamentos de informação do ano passado.*

*E apresenta dados impressionantes. Em 2013, foram nada menos do que 2.164 brechas do tipo, que trouxeram a público os dados confidenciais de 822 milhões de pessoas de todo o mundo.*

*Esse total significa que uma em cada nove pessoas do globo tiveram suas informações pessoais disponíveis para uso por hackers e outras pessoas mal-intencionadas. E foram justamente eles os principais responsáveis pelos vazamentos, com 60% dos casos de quebra de segurança tendo como autores, pessoas que estão fora das estruturas das companhias atacadas. Quase metade dos casos vitimou empresas dos Estados Unidos, com o Estado da Califórnia sendo o mais atingido, afinal de contas, é lá que está a maior parte das empresas de tecnologia.*

*Confira alguns casos da lista compilada por Prerad:*

*1. Adobe*
*Em um vazamento que, segundo números extraoficiais, é considerado o maior da história, mais de 152 milhões de nomes de usuários e senhas dos usuários dos serviços da empresa foram disponibilizados na internet. Mas o pior não*

foi apenas isso, mas sim, os 2,8 milhões de dados bancários adicionais que também estiveram disponíveis como parte dessa quebra de segurança.

Além disso, os códigos-fonte de aplicativos como ColdFusion, Adobe Acrobat e Reader também acabaram sendo disponibilizados na internet. A empresa nega que a brecha teve essa extensão gigantesca, afirmando que "apenas" 38 milhões de usuários tiveram suas informações de acesso comprometidas.

2. Facebook

As redes sociais acabam sendo a mina de ouro de informações pessoais, com milhões de pessoas compartilhando voluntariamente seus dados com o público. Serviços como o Facebook costumam investir pesado em segurança e normalmente não aparecem em listas como essas, mas em 2013, um bug em um de seus sistemas garantiu o décimo lugar entre os maiores vazamentos de informação do ano.

A falha acontecia com o sistema de download das próprias informações, que permitia ao usuário baixar todo o histórico de postagem, fotos e informações hospedadas na rede. O problema é que, no segmento correspondente à lista de amigos, também estavam inclusas informações confidenciais como e-mails ou números de telefone, que não deveriam ser acessadas.

3. Advocate Medical Group

Após o roubo de quatro computadores desprotegidos de uma das sedes da associação, 4 milhões de pacientes tiveram seus dados pessoais expostos, com informações como nomes, endereços, números de Seguro Social e datas de nascimento disponíveis na internet. O caso levantou investigações pela justiça americana e foi considerado uma das maiores violações do HIPAA, um tratado que garante atendimento médico e privacidade a cidadãos americanos que acabaram de perder seus empregos.

Fonte: http://corporate.canaltech.com.br/materia/seguranca/Relembre-os-maiores-vazamentos--de-informacao-de-2013/#ixzz3VahNReDb

## Questões para discussão

1. Cite dois exemplos de cuidados que devemos ter em cada etapa do ciclo de vida da informação para minimizar os incidentes de segurança.

2. Enumere alguns riscos e ameaças à informação utilizando a figura 2 como referência.

3. Quais dos riscos levantados na questão anterior você costuma evitar?

4. Apresente para sua turma algumas posturas que podemos adotar que ajudam a diminuir os riscos identificados nas questões anteriores.

5. Analise o Caso da Vida Real 03 e associe os incidentes ao ciclo de vida da informação e seus riscos.

# 03

# A ORGANIZACÃO DA SEGURANÇA

## 3.1 Modelo de Gestão Corporativa de Segurança

Não basta criar um novo departamento ou unidade administrativa e chamá-lo de Comitê Corporativo de Segurança da Informação para que tudo aconteça na organização. É preciso ter uma visão clara e abrangente de todas as etapas que compõem o desafio corporativo da segurança da informação bem como formalizar os processos que darão vida e dinamismo à gestão.

Para que a organização desempenhe as atribuições da segurança da informação é necessário que esteja adequadamente estruturada. Essa organização interna tem como finalidade o estabelecimento de uma estrutura mínima para realizar o gerenciamento para implantação e operação dentro da organização.

Antes mesmo de pensar nas "caixinhas" da estrutura organizacional é preciso definir os papéis e responsabilidades em relação à segurança da informação. Essa atribuição de responsabilidade deve ser feita de forma clara, objetiva e em conformidade com a Política de Segurança da organização.

O posicionamento da área de segurança na estrutura organizacional diz muito sobre como a empresa lida com essa questão. É bastante comum encontrar a área de segurança da informação vinculada, ou subordinada, a auditoria ou à área de TI. Nessa configuração as atribuições sobre segurança acabam ficando a cargo da própria TI e a sensação transmita a organização é que esse tema é uma preocupação do pessoal da informática.

Nesse caso, as organizações acabam atribuindo ao gestor da área de TI a responsabilidade global pelo desenvolvimento e implantação da segurança da informação.

Ao posicionarmos a área de segurança no mesmo nível hierárquico das demais áreas estratégicas da organização (no nível de diretoria ou vice-presidência, por exemplo,) colocamos o tema segurança na pauta das reuniões estratégicas e corporativas. As discussões sobre segurança são encaminhadas como responsabilidade de toda a empresa, como de fato é! O comportamento seguro e as preocupações de segurança devem estar presentes em todas as decisões estratégicas da empresa.

## 3.2 Os comitês da segurança

A estruturação da área de segurança da informação pode ser feita por meio de um **Escritório de Segurança da Informação**. Na estrutura organizacional, esse escritório precisa ser independente, ligado diretamente à diretoria ou a presidência. Não deverá ter seu orçamento atrelado ao da TI ou da auditoria. Esse escritório é o responsável pelas questões corporativas da segurança como a guarda e gestão da Política da Segurança, comunicação, treinamento etc.

Conforme recomenda a ISO27002, a instituição de comitês de segurança deve ser prevista para agilizar os processos. A norma sugere a criação de dois comitês: Um corporativo e outro departamental.

No Comitê Corporativo de Segurança da Informação devem ter acento todos os executivos da organização. Esse Comitê deve se reunir periodicamente e deliberar sobre as questões estratégicas da segurança da informação. No quadro a seguir destacamos algumas atribuições desse Comitê.

### Comitê Corporativo de Segurança da Informação

- Orientar as ações corporativas de segurança e todas as etapas do modelo, além de medir os resultados parciais e finais com o intuito de reparar desvios de foco.

- Alinhar o plano de ação às diretrizes estratégicas do negócio, buscando agregar valor e viabilizar o melhor retorno sobre o investimento.
- Coordenar os agentes de segurança em seus Comitês Interdepartamentais, a fim de sintonizá-los quanto a possíveis ajustes no plano de ação.
- Garantir o sucesso de implantação do Modelo de Gestão Corporativo de Segurança da Informação, que irá preparar e dar autonomia à empresa para gerir seus atuais e futuros desafios associados.
- Promover a consolidação do Modelo de Gestão Corporativo de Segurança da Informação como um processo dinâmico autogerido.

Outras atividades do Comitê Corporativo incluem a organização, centralização e planejamento das ações de segurança que vão interferir em todos os ambientes e processos, a priorização das ações e dos investimentos. Este Comitê deverá ser coordenado pelo Gestor do Escritório de Segurança da Informação - o CSO (*Chief Security Officer*).

Além destas responsabilidades, destacamos mais algumas que também julgamos importantes:

- Aprovação das políticas, normas e procedimentos de segurança da informação,
- Aprovação de novos controles de segurança para a melhoria contínua das medidas de proteção,
- Apoio à implantação de soluções para minimizar risco,
- Deliberar sobre incidentes de segurança corporativa.

Com uma abrangência menor, os **Comitês Departamentais** deverão implementar as ações de segurança e medir os resultados planejados pelo Comitê Corporativo além de reportar novas necessidades e situações que exponham os ativos da informação.

## 3.3 Os procedimentos para criação da função segurança da informação organizacional

Abaixo, descrevemos algumas etapas a serem seguidas para a institucionalização da função segurança da informação na organização.

### Mapeamento de Segurança

- Identificar o grau de relevância e as relações diretas e indiretas entre os diversos processos de negócio, perímetros, infraestruturas.
- Inventariar os ativos físicos, tecnológicos e humanos que sustentam a operação da empresa, considerando também as demais variáveis internas e externas que interferem nos riscos da empresa, como: mercado, nicho, concorrência, expansão etc.,
- Identificar o cenário atual – ameaças, vulnerabilidades e impactos – e especular a projeção do cenário desejado de segurança capaz de sustentar e viabilizar os atuais e novos negócios da empresa.
- Mapear as necessidades e as relações da empresa associadas ao manuseio, armazenamento, transporte e descarte de informações.
- Organizar as demandas de segurança do negócio.

### Estratégia de Segurança

- Definir um plano de ação, comumente plurianual, que considere todas as particularidades estratégicas, táticas e operacionais do negócio mapeada na etapa anterior, além dos aspectos de risco físicos, tecnológicos e humanos.
- Criar sinergia entre os cenários atual e desejado, além da sintonia de expectativas entre os executivos, a fim de ganhar comprometimento e apoio explícito às medidas previstas no plano de ação.

## Planejamento de Segurança

- Organizar os Comitês Interdepartamentais, especificando responsabilidades, posicionamento e escopo de atuação, oficializando seu papel diante de ações locais em sintonia com ações globais coordenadas pelo Comitê Corporativo de Segurança da Informação.

- Iniciar ações preliminares de capacitação dos executivos e técnicos, a fim de melhor norteá-los quanto aos desafios, envolvendo-os nos resultados e compartilhando com eles a responsabilidade pelo sucesso do modelo de gestão.

- Elaborar uma Política de Segurança da Informação sólida, considerando com extrema particularização e detalhamento as características de cada processo de negócio, perímetro e infraestrutura, materializando-a através de Diretrizes, Normas, Procedimentos e Instruções que irão oficializar o posicionamento da empresa ao redor do tema e, ainda, apontar as melhores práticas para o manuseio, armazenamento, transporte e descarte de informações na faixa de risco apontada como ideal.

- Realizar ações corretivas emergenciais em função do risco iminente percebido nas etapas de mapeamento e atualmente, na elaboração dos critérios definidos na Política de Segurança.

## Implementação de Segurança

- Divulgar corporativamente a Política de Segurança, a fim de torná-la o instrumento oficial, de conhecimento de todos, que irá nortear os executivos, técnicos e usuários quanto às melhores práticas no relacionamento com a informação.

- Capacitar conscientizando os usuários no que se refere ao comportamento diante do manuseio, armazenamento, transporte e descarte da informação, incluindo o conhecimento dos critérios, proibições e responsabilizações inerentes ao assunto.

- Implementar mecanismos de controle físicos, tecnológicos e humanos que irão permitir a eliminação das vulnerabilidades ou um patamar desejado de operação.

## Administração de Segurança

- Monitorar os diversos controles implementados, medindo sua eficiência e sinalizando mudanças nas variáveis que interferem direta e indiretamente no nível de risco do negócio.
- Projetar a situação do ROI – Retorno sobre o Investimento, com base nas medições realizadas, permitindo identificar resultados alcançados e, ainda, viabilizar novas necessidades que surgirem por demandas do negócio.
- Garantir a adequação e a conformidade do negócio com normas associadas, regras internas, regras do segmento de mercado, padrões e legislação incidente.
- Manter planos estratégicos para contingência e recuperação de desastres, objetivando garantir o nível de disponibilidade adequado e a consequente continuidade operacional do negócio.
- Administrar os controles implementados, adequando suas regras de operação aos critérios definidos na Política de Segurança, ou ainda, preparando-as para atender novas necessidades provocadas por mudanças de contexto ou variáveis internas e externas.

## Segurança na Cadeia Produtiva

- Equalizar as medidas de segurança adotadas pela empresa aos Processos de Negócio comuns, mantidos junto aos parceiros da cadeia produtiva: fornecedores, clientes, governo etc.; a fim de nivelar o fator de risco sem que uma das partes exponha informações compartilhadas e represente uma ameaça à operação de ambos os negócios.

## 3.4 Security Officer – Os profissionais da segurança da informação

A preocupação com a segurança da informação deve ser de todos os colaboradores da organização, e não apenas de um grupo de pessoas. Se isso não estiver na mente de todos, não haverá sucesso em nenhuma iniciativa de segurança.

Em um mundo onde a dependência da informação cresce diariamente, onde o número de vírus aumenta constantemente e os casos de invasão a ambientes aumentam exponencialmente, cresce a importância da existência um responsável, um patrocinador das iniciativas de segurança corporativas.

Neste contexto nasce um novo profissional o *Security Officer* ou o CSO (*Chief Security Officer*), para ficar na moda! Este profissional é o responsável pela coordenação do planejamento, implementação, monitoramento e melhoria do Sistema de Segurança da Informação, entendendo Sistema na forma mais ampla do termo.

A maioria das empresas atribui ao *Security Officer* as seguintes responsabilidades:

- Organização da área de segurança e da infraestrutura organizacional;
- Planejamento dos investimentos de segurança;
- Definição dos índices e indicadores para a segurança corporativa;
- Definição, elaboração, divulgação, treinamento, implementação e administração da política de segurança, plano de continuidade de negócio e plano de contingência;
- Investigação sobre incidentes de segurança;
- Análise de riscos envolvendo segurança

Além de ter conhecimentos em métodos, tecnologias e ferramentas de segurança da informação o *Security Officer* deve conhecer a fundo o negócio da organização, seu plano de negócios e seus modelos de gestão para melhor direcionar as ações da segurança corporativa.

Achar todas essas qualificações em uma só pessoa pode ser bastante difícil e por isso é bem comum termos mais de um profissional atuando na segurança da informação. Essa tarefa pode ser dividida entre três subfunções distintas.

O *Chief of Information Security Management* – CISM – este profissional tem a responsabilidade do gerenciamento da segurança da informação. Ele trabalha com a definição da política da segurança da informação, com a elaboração de normas e termos de conduta segura, define o que pode e o que não pode em termos de segurança, estabelece os perímetros de segurança, elabora e controla o orçamento da área e demais atividades do gerenciamento da segurança corporativa.

O CISP - *Chief of Information Security Professional* - é o profissional que se ocupa com a implementação da segurança da informação. Ele é o responsável pela implementação das regras nos equipamentos de segurança, controlar e monitorar os ataques e tentativas de invasão e acesso não autorizado, verificar e implementar ações para o cumprimento das políticas e normas estabelecidas para a organização.

Já o CISA - *Chief of Information Security Auditor* - tem o papel de verificar, auditar, se todas as políticas e normas de segurança foram adequadamente implementadas. Seu trabalho é verificar se o CISP implementa e gerencia todas as decisões do CISM.

Ainda temos o profissional de riscos, que tem sua atenção voltada para o estudo e análise dos riscos de segurança que a organização está acometida. Seu trabalho serve de insumos para o trabalho dos demais profissionais da segurança da informação.

## Caso da vida real - 04

5 (cinco) maiores erros de segurança da informação cometidos pelas empresas

*A maioria das companhias no Brasil ainda precisa aprender a interpretar e enfrentar problemas relacionados à proteção de dados.*

*De acordo com o Arcon Labs, equipe de inteligência que analisa tendências de ameaças e promove estudos, recomendações, normas e padrões técnicos, a maturidade do País vem evoluindo. Entretanto o mercado local está atrás de regiões como México, Peru, Argentina e Chile quando o assunto é o investimento em segurança da informação.*

*Estudo recente da Arcon identificou cinco grandes erros cometidos pelas empresas. São eles:*

### 1- Foco em estratégias

*Quando se fala em segurança de dados, o ideal não é priorizar apenas as estratégias. Elas são importantes, mas os níveis tático e operacional, cujos objetivos principais são executar os planejamentos das ações, devem ser considerados.*

*"Para vencer uma batalha, além das estratégias, é preciso que os soldados estejam 100% preparados para o combate, conheçam as armas e tenham um bom condicionamento físico. É assim também com a segurança da informação", explica Wander Menezes, especialista em Segurança da Informação do Arcon Labs.*

*De acordo com o executivo, a parte operacional e tática deve ser exercida por profissionais que entendam, em profundidade, as ameaças e vulnerabilidades e saibam utilizar de forma eficiente recursos para detecção, análise, mitigação*

e erradicação de ameaças, amparados por uma estrutura adequada para o trabalho

Para o especialista, são estes profissionais que trazem a inteligência técnica e operacional da segurança para dentro da instituição a fim de proteger o negócio.

### 2- Não perceber investimento em segurança é como uma poupança

Muitas vezes a terceirização de serviços é a última opção para a proteção dos dados. Porém, contar com o conhecimento de empresas especializadas ao invés de concentrar os esforços dentro de casa pode ajudar, inclusive, na avaliação dos custos de perdas e riscos que as ameaças representam para os negócios.

"As empresas precisam entender que a compra de ativos, na verdade, pode ser um canal para poupar dinheiro. Para isso é necessário avaliar o investimento mais apropriado para suportar o negócio. Exemplo: é possível que uma empresa invista US$ 100 em uma solução de segurança e economize US$ 1 mi em perdas em um determinado período", explica Menezes.

### 3- Conceder privilégios em excesso aos usuários

Em segurança da informação, 80% do trabalho das equipes (estratégica, tática e operacional) está focado em criar, manter, disponibilizar e auditar acessos para minimizar o uso indevido da informação e ataques dentro e fora de uma organização.

Manter usuários com excesso de privilégios como acesso aos controles administrativos, não avaliar a entrada e saída de dados em aplicações (seja qual for), permitir que possam acessar mais informações do que de fato está estabelecido em suas funções e não estabelecer políticas de senhas, são pontos que podem gerar vulnerabilidades.

*Por isso é sugerido negar um acesso antes de concedê-lo. É preciso primeiro entender efetivamente a necessidade da demanda e se não tiver certeza de que é um acesso seguro, simplesmente, recomenda-se que negue o pedido. Além disso, colaboradores devem ter entrada em ferramentas (sala, sistema, rede e etc.) que sejam necessárias para o exercício de suas funções.*

**4- Não entender que segurança é um ecossistema complexo e está em constante transformação**

*A tecnologia muda e evolui para o bem e para o mal. A cada dia, milhares de malwares – softwares destinados a se infiltrarem em um sistema de computador alheio de forma ilícita, com o intuito de causar alguns danos, alterações ou roubo de informações (confidenciais ou não) – são criados e em algum momento é fato que conseguirão invadir os dados de uma empresa.*

*"O grande ponto é estar preparado e ter a contramedida adequada para o problema. Apesar de parecer fácil, não é tão simples quanto parece", afirma Menezes. O especialista explica que é necessário entender o ecossistema que está sendo atacado e pensar em todos os outros controles que trabalham juntos, de forma que seja possível criar camadas de proteção para todos os níveis.*

**5- Dar prioridade às normas e não às políticas de segurança da informação**

*Para a maioria das empresas no Brasil, o mais importante é passar nas avaliações da auditoria e atender as normatizações. Manter o negócio seguro é avaliado em um segundo momento e este é o principal motivo do gasto desnecessário com serviços que não refletem em controles de segurança para os negócios.*

*"Sem regra não tem jogo. Por isso, antes das empresas pensarem em normas, devem avaliar a implementação de uma política de segurança", explica o especialista em Segurança da Informação do Arcon Labs.*

Menezes alerta que a maioria das companhias no Brasil não classifica as informações contidas em seus servidores e em suas estações de trabalho. "Se uma empresa não possui a cultura ou não vê a necessidade de classificação da informação, está fadada ao vazamento de dados e perdas financeiras ou de imagem", explica.

Fonte: http://cio.com.br/gestao/2014/05/22/5-maiores-erros-de-seguranca-da-informacao-cometidos-pelas-empresas/

## Caso da vida real - 05

### Chief Mobility Officer, sua empresa vai precisar de um

*Uma coisa certa é que as organizações de todos os tamanhos podem se beneficiar da coordenação central do desenvolvimento e distribuição de aplicativos móveis, mesmo que não seja viável ter uma única pessoa para isso, com o título de CMO (Chief Mobility Officer).*

*Sem um ponto central, as organizações ficam expostas a ineficiências de custo e riscos de segurança. Uma organização entrevistada pela Forrester confessou que seus aplicativos móveis suportavam mais de 100 versões do sistema operacional BlackBerry. Outra organização desenvolveu um 'maravilhoso' aplicativo móvel, sem levar em conta os necessários pontos de integração com sistemas de retaguarda (back office), tornando o aplicativo inútil.*

*Sem uma estratégia móvel abrangente as empresas correm o risco de terem seus dados sensíveis vazados, e as integrações necessárias com sistemas back-end levando muito tempo, não sendo facilmente adaptáveis ou falhando por completo. E os aplicativos seguros desenvolvidos pela equipe de TI serão abandonados por aplicativos mais amigáveis ao usuário e de domínio público.*

## Construindo uma infraestrutura para a mobilidade

A fim de estender inteligentemente os processos comerciais a dispositivos móveis, as empresas atualmente não podem decidir  por qualquer aplicativo.

Elas precisam de aplicativos que proporcionem segurança, acesso confiável a quaisquer dados empresariais, com alta disponibilidade, uma experiência nativa de usuário e suporte para funcionamento off-line. Elas precisam suportar o contexto do usuário através de múltiplas plataformas e dispositivos, desde um único esforço de desenvolvimento e com completa integração back-end. A funcionalidade de segurança e gerenciamento precisa ser embutida com encriptação, suporte de gerenciamento de dispositivo móvel (MDM) e autenticação de usuário, permitindo que as organizações monitorem e controlem quem acessa os dados, onde e quando.

## Apps móveis como motivador de negócios

Visando promover a mobilidade empresarial, a TI precisa elevar sua posição, de um centro de custo a um habilitador de novas e melhores formas de se trabalhar. Uma função-chave de um CMO é mostrar o valor de negócios que esses aplicativos proporcionam, demonstrando retorno do investimento (ROI) do desenvolvimento e distribuição. Uma forma de fazer isto é introduzir mais aplicativos de uso direto pelo usuário, o que pode acelerar vendas e melhorar o atendimento ao cliente, criando uma ponte entre os sistemas back-end e os clientes.

A gerência de TI pode alavancar o fato de que os funcionários trazem seus próprios aparelhos ao trabalho, desenvolvendo aplicativos móveis que melhorem sua produtividade; transformando-os em campeões de TI.

## Experiência do usuário baseada no contexto

Com o aumento continuado de aparelhos móveis nas empresas, os negócios empacam no dilema do "tamanho único" versus a dificuldade de ter de desenvolver separadamente para cada aparelho e sistema operacional.

Assegurar uma boa experiência de usuário não é só personalizar uma página da web para adaptá-la às diferentes dimensões das telas dos aparelhos móveis, mas também envolve o contexto, se o usuário está se deslocando e se a entrada de dados é feita com o dedo e polegar, ou usando um teclado, sentado confortavelmente a frente de um PC. As informações também precisam ser dispostas de forma que sejam usáveis e acionáveis.

### Ampla abordagem da segurança

A função do CMO é também desenvolver e implantar uma ampla estratégia de segurança e ter visibilidade de todo o seu ecossistema móvel: o aparelho, o aplicativo e, mais importante, os dados. Não realizando uma abordagem holística da segurança, uma empresa possivelmente escolherá soluções pontuais que não resolvem o problema da segurança integralmente.

Por exemplo, soluções de gerenciamento de dispositivos móveis (MDM), que são frequentemente usadas como solução de segurança, oferecem controle e visibilidade do dispositivo, mas não garantem os dados ou o aplicativo.

Similarmente, os containers (partições onde se podem rodar aplicações e armazenar dados no dispositivo) criam uma área segura no aparelho móvel, no qual os dados da empresa ficarão seguros, mas podem ficar comprometidos pelas ferramentas de vigilância no aparelho, da mesma forma que com malwares no desktop. Os containers também vão na contramão da tendência de integrar aplicativos empresariais, colocando barreiras à integração.

Ambas as soluções possuem desvantagens adicionais que podem ser bastante inconvenientes aos usuários, impedindo-as de serem adotadas; e nenhuma das soluções é efetiva quanto à segurança de dados na nuvem.

Mesmo as empresas que não possuem um CMO devem ter uma estratégia bem definida e as melhores práticas para avançar com a mobilidade empresarial. Aplicativos móveis podem expor a empresa a riscos se forem desenvolvidos sem ter uma estratégia que cubra toda a companhia.

*A função de diretor-chefe da mobilidade é a melhor maneira de desenvolver a necessária infraestrutura, orientações de desenvolvimento de aplicativos e estratégias amplas de segurança, visando suportar uma mobilidade empresarial segura e efetiva.*

Fonte:http://cio.com.br/gestao/2014/07/04/chief-mobility-officer-sua-empresa-vai-precisar-de-um/

## Questões para discussão

1. Como o profissional de segurança interfere nos negócios da organização?

2. Qual é a diferença na formação dos profissionais de segurança da informação?

3. Qual é o posicionamento que ocupa a área de segurança da informação na arquitetura organizacional da sua empresa? Você considera esse posicionamento adequado?

4. Quais outros Comitês de segurança da Informação podem ser criados, e quais seriam suas atribuições?

5. Como os casos da vida real podem influenciar sua organização?

# 04
# CLASSIFICAÇÃO E CONTROLE DOS ATIVOS DE INFORMAÇÃO

A classificação da informação é o processo pelo qual estabelecemos o grau de importância das informações frente a seu impacto no negócio ou processo que ela suporta. Ou seja, quanto mais estratégica ou decisiva para o sucesso do negócio mais importante a informação será.

O objetivo da classificação da informação é assegurar que a informação receba um nível adequado de proteção conforme sua importância e relevância para a organização.

Os ativos da informação podem ser divididos em alguns grupos como mostra a figura baixo.

Figura 4 – Ativos da informação

Para iniciar o processo de classificação dos ativos de informação é fundamental o conhecimento do negócio para que o julgamento da importância seja o mais correto possível.

Outro ponto a ser considerado é a definição clara dos critérios de classificação que serão adotados, quais as regras, exigências legais, normas corporativas etc.

Vejamos também alguns conceitos importantes para este processo:

**Classificação**: atividade de atribuir o grau de sigilo a um ativo da informação.

**Proprietário**: responsável pelo ativo da informação. Auxilia na definição do meio de proteção. Responsável pela classificação

**Custodiante**: responsável pela guarda do ativo da informação. Assegura que o ativo da informação está sendo protegido conforme determinado pelo proprietário.

## 4.1 Classificação do ativo da informação

A classificação do ativo da informação é muito importante para que as organizações possam direcionar os seus recursos nas ações e sistemas que efetivamente promovam a segurança de suas informações. Ou seja, conhecendo claramente qual o nível de disponibilidade, confidencialidade e integridade com as quais a organização trabalha, esta pode gerar políticas de segurança da informação específicas para cada ativo.

A classificação e consequente proteção da informação, não deve ser um privilégio de organizações militares, serviços de espionagens ou mesmo da indústria de alta tecnologia, ela deve ser aplicada até mesmo em uma pizzaria para evitar, por exemplo, a perda da exclusividade de utilização de uma receita de massa da tia ou mãe do proprietário, que é seu o diferencial competitivo.

Existem várias formas de classificar o ativo da informação, entretanto, é fundamental que essa classificação seja de fácil compreensão e claramente descrita na política de segurança. Deve evitar níveis excessivos de classificação e servir para demonstrar a diferenciação entre a importância dos ativos.

A classificação do ativo da informação deve estar centrada em quatro eixos: Confidencialidade, Disponibilidade, Integridade e autenticidade.

### 4.1.1 Classificação quanto à confidencialidade

**Nível 1: Informação pública**

Nesta categoria estão os ativos públicos ou não classificados. São informações que se forem divulgadas fora da organização não trarão impactos para o negócio. Sua integridade não é vital e seu uso é livre. Exemplo: Folder da organização, brochuras, etc.

**Nível 2: Informação interna**

Nesta categoria estão os ativos cujo acesso do público externo deve ser evitado, entretanto, caso venham a se tornar público, as consequências não são críticas. Exemplo: Lista de telefones e ramais, agendas dos executivos etc.

**Nível 3: Informação confidencial**

Os ativos desta categoria devem ter acesso restrito dentro da organização e protegidos do aceso externo. A integridade é vital. O acesso não autorizado destas informações pode trazer comprometimento às operações da organização, podendo causar perdas financeiras.

Exemplo: Dados de clientes, senhas de acessos, informações sobre vulnerabilidades da organização, etc.

## Nível 4: Informação secreta

O acesso interno e externo a estas informações é extremamente crítico para a organização. A quantidade de pessoas que tem acesso a elas precisa ser muito controlada, a integridade das informações é vital e devem existir regras restritas para uso das mesmas. Exemplos: Informações de concorrências, contratos confidenciais, informações militares etc.

Nesse caso devemos envolver a informação em várias camadas de segurança, com mecanismos de proteção muito rigorosos que muitas vezes custam muito dinheiro.

### 4.1.2 Classificação quanto à disponibilidade

Qual a falta que a informação faz? Ao responder esta pergunta poderemos classificá-la em níveis de criticidade e estabelecer uma ordem para recuperação em caso de indisponibilidade.

Nível 1: Informações que devem ser recuperadas em minutos
Nível 2: Informações que devem ser recuperadas em horas
Nível 3: Informações que devem ser recuperadas em dias
Nível 4: Informações que não são críticas

Uma informação que foi classificada no nível 1, por exemplo, deve ser envolvida de cuidados para sua disponibilidade tais como um servidor de alto desempenho com redundância, pessoal técnico mais especializado, plano de recuperação com mais prioridade etc.

### 4.1.3 Classificação quanto à integridade

Uma informação errada pode trazer vários transtornos aos processos de trabalho. Assim, identificar aquelas que são fundamentais ao negócio ajuda a apontar o local certo para direcionar os controles para prevenir, detectar e corrigir a produção de informações sem integridade ou alteração indevida das mesmas.

## 4.1.4 Classificação quanto à autenticidade

Conforme recomenda a ISO27002, dados e informações destinadas ao público externo devem apresentar requisitos de verificação da autenticidade. Estabelecer quais são estas informações facilita a identificação dos requisitos de segurança e a definição de processos sistematizados para controlar a autenticidade de informações e documentos.

Para dar um exemplo, você deve lembrar-se de algumas matérias veiculadas pelos telejornais.

## 4.2 Monitoramento contínuo

Após a classificação dos ativos de informação, devemos elaborar e manter procedimento de reavaliação periódica dos mesmos. A área de Segurança da informação deve, em conjunto com os proprietários da informação, reavaliar a pertinência da categoria atribuída a cada ativo para assegurar que os mesmos estão adequadamente classificados.

## 4.3 O processo de classificação da informação

A ISO27002 recomenda que os ativos da informação sejam identificados, inventariados e mantidos. A ideia da recomendação é que o ativo da informação muda sua classificação ao longo de seu ciclo de vida. Uma informação pode ser criada com o rótulo de secreta e ao longo do seu ciclo de vida pode ter essa classificação alterada para pública, por exemplo.

O primeiro passo do processo de classificação da informação é o seu inventário, isto é, o levantamento de todas as informações que devem ser alvo da segurança da informação.

Uma vez identificadas as informações que são relevantes para a segurança da informação, devemos estabelecer o proprietário dessa informação, isto é, pessoa ou área responsável por ela. Esse proprietário deve ser atribuído quando a informação é criada ou capturada pela organização. Ele será responsável por todas as etapas do processo de classificação da informação.

Em seguida, o proprietário da informação faz sua classificação conforme os critérios já descritos anteriormente. Nessa classificação o proprietário deve levar em consideração as necessidades do negócio para compartilhar ou restringir a informação bem como seus requisitos legais. Essa classificação deve prever os critérios para a análise crítica da classificação ao longo do tempo.

A classificação da informação fornece aos usuários da informação uma indicação concisa de como tratar e proteger a informação, bem como a postura que deve adotar ao lidar com elas.

A rotulagem da informação é o passo final do processo de classificação da informação. Ele consiste em marcar a informação com a sua classificação, ou seja, associar a classificação à informação por meio de rótulos físicos ou lógicos. Como exemplo, podemos citar a marcação de documentos que contenham informação confidencial com uma cor ou símbolo próprio e um local pré-determinado.

## Caso da vida real - 06

O caso Edward Snowden reforça: insiders são o elo mais fraco da segurança

*Edward Snowden, 30 anos, era analista terceirizado da poderosa NSA (Agência Nacional de Segurança dos Estados Unidos) quando revelou detalhes de alguns programas de monitoramento de informação que a Agência utilizava contra cidadãos americanos e estrangeiros, até mesmo em redes sociais como Facebook, Youtube e Skype.*

*O que se seguiu às denúncias, estamos acompanhando até agora, com a busca de Snowden por asilo em países claramente contrários aos Estados Unidos, como Equador ou Cuba. Os transtornos que Evo Morales, presidente da Bolívia, passou para que seu voo oriundo de Moscou chegasse à La Paz, são bons exemplos do tamanho da encrenca.*

*Não quero entrar no mérito do absurdo que representa este monitoramento, nem tergiversar sobre a completa perda de privacidade do mundo em que vivemos. Meu ponto é sobre o risco que os funcionários com mais acesso à informação (tipicamente os TI) representam para as empresas. Muito provavelmente, este risco é maior do que o de ataques externos para furto de informação sigilosa e com absoluta certeza há muito mais medidas de defesa em prática contra ataques externos do que há para evitar vazamentos internos.*

*As ferramentas de DLP (Data Leak Prevention) que existem justamente para evitar vazamentos de informação quase sempre são ineficazes, pois as empresas fazem um trabalho claramente insuficiente na classificação da informação e na gestão de seu ciclo de vida. Aqui no Brasil, como de praxe, estamos ainda atrasados e poucas de nossas empresas sequer utilizam alguma solução de DLP.*

*Aos poucos, temos visto mais empresas desenvolverem termos de confidencialidade para seus funcionários com acesso privilegiado à informação (como os de TI) e acho que este caminho faz todo o sentido em nosso país, pois torna mais fácil o controle e, eventualmente, as punições.*

*Treinamento e conscientização, como sempre, seriam parte da solução, mas sabemos que quase nada se faz neste sentido, principalmente no Brasil. Por aqui é quase certo que um profissional leve de uma empresa para a outra informações da empresa de onde veio, às quais teve acesso enquanto lá trabalhava sem ao menos desconfiar que isso é ilegal e fere a ética.*

*Resta-nos reforçar os controles em nossas empresas, principalmente sobre o pessoal de TI: termos de confidencialidade bem embasados e revisados periodicamente; e muito, muito treinamento e conscientização para diminuir os episódios de vazamento de informações. Digo, diminuir, porque evitar é virtualmente impossível.*

Fonte: http://cio.com.br/opiniao/2013/07/11/o-caso-edward-snowden-reforca-insiders-sao-o-elo--mais-fraco-da-seguranca/

## *Caso da vida real - 07*

### Microsoft mostrou código do Android sem permissão, acusa Google

*A Google pediu, nesta semana, para a Comissão Internacional de Comércio dos EUA (ITC) impedir o depoimento de um especialista da Microsoft como testemunha no caso iniciado há 10 meses sobre patentes usadas no sistema Android.*

*Em um pedido feito na quarta-feira, 10/8, junto ao ITC, a Google pediu que Robert Stevenson, um especialista contratado pela Microsoft, seja impedido de testemunhar sobre o código fonte do Android em uma audiência futura porque a Microsoft teria violado um acordo de confidencialidade feito entre Microsoft, Motorola e a própria Google.*

*De acordo com a gigante de buscas, a Microsoft não pediu permissão antes de mostrar o código fonte do Android para Stevenson.*

*"A ordem protecionista regendo a confidencialidade nessa investigação exige explicitamente que a Microsoft revele à Google, qualquer consultor ou especialista buscando acesso a informações confidenciais de negócios da Google ou a um código fonte altamente confidencial antes de permitir que um consultor ou especialista revise tal informações para que a Google tenha uma oportunidade de se opor antes da revelação"*, afirma a denúncia da Google.

Uma ordem de proteção no caso restringe o acesso ao código fonte do Android, limitando o número de pessoas que pode revisar o código e exigindo que a Microsoft e a Motorola *"deem um aviso antecipado por escrito"* para a Google antes de mostrar o código para um consultor técnico. A Google poderá ter 10 dias para se manifestar.

A Google alega que a Microsoft não fez isso – por isso a gigante de buscas se mexeu para evitar que Stevenson deponha na audiência comprobatória agendada para o final deste mês.

*"O código fonte confidencial fornecido de modo impróprio para o Dr. Stevenson é um código fonte altamente proprietário que a Google não compartilha nem mesmo com seus parceiros, como a Motorola"*, afirma a Google.

A Microsoft realizou sua denúncia contra a Motorola junto a ITC no último mês de outubro – e entrou com um processo em corte federal ao mesmo tempo – acusando a fabricante de smartphones de violar várias de suas patentes em aparelhos com sistema Android.

*"Nós temos uma responsabilidade com os nossos consumidores, parceiros e acionistas para proteger os bilhões de dólares que investimos todos os anos para trazer produtos de software e serviços inovadores para o mercado"*, disse o representante do conselho geral da Microsoft, Horacio Gutierrez, em uma declaração emitida em 1º de outubro de 2010. *"A Motorola precisa parar de violar nossas invenções patenteadas em seus smartphones Android."*

*"Esse é o segundo teatro da guerra"*, afirmou o especialista em patentes, Florian Mueller, em uma entrevista por e-mail. *"É sobre táticas processuais, talvez esperando que isso possa causar um atraso, mas qualquer que possa ser o resultado, ele não irá mudar nada sobre a substância desse caso."*

Mueller também notou que a ação da Google foi movida pela mesma empresa de advocacia que representa a Motorola no caso com a Microsoft, e defende a Samsung, Motorola e HTC nas brigas judiciais dessas companhias com a Apple.

Fonte: http://idgnow.com.br/mercado/2011/08/12/microsoft-mostrou-codigo-do-android-sem--permissao-acusa-google/

## Questões para discussão

1. Como a classificação da informação interfere na maneira como as organizações fazem negócio?

2. Faça uma pesquisa e verifique como sua empresa faz a classificação da informação.

3. Você classifica suas informações pessoais? Como?

4. Qual a importância de classificar as informações de uma organização?

5. Que lições você tira sobre classificação da informação dos casos da vida real apresentados?

# 05

# ASPECTOS HUMANOS DA SEGURANÇA DA INFORMAÇÃO

Pessoas é o elemento central de um sistema de segurança da informação. Os incidentes de segurança sempre envolvem pessoas, quer do lado das vulnerabilidades exploradas, quer no lado das ameaças que as exploram.

Portanto, o item pessoas deve ter sua relevância considerada em um sistema de gestão da segurança.

## 5.1 A Engenharia Social

Segundo o SANS *Institute*, "Engenharia Social é a arte de utilizar o comportamento humano para quebrar a segurança sem que a vítima sequer perceba que foi manipulada".

O CERT.Br define como "um método de ataque onde alguém faz uso da persuasão, muitas vezes abusando da ingenuidade ou confiança do usuário, para obter informações que podem ser utilizadas para ter acesso não autorizado aos ativos da informação".

Ou seja, as pessoas menos avisadas fornecem informações importantes apenas para serem prestativas, educadas e por confiarem nas demais pessoas.

O **Engenheiro Social** utiliza-se desta arte para conseguir informações preciosas para preparar seu ataque.

A engenharia social pode ser dividida em duas categorias: física e psicológica.

Entre as ações relacionadas como físicas, temos: procura de informações no lixo, presença física, observação do comportamento, escuta de conversa telefônica, busca de papéis e relatórios sobre as mesas de uma organização, etc.

Nas questões psicológicas, o problema está relacionado ao comportamento humano e a nossa tendência a sermos prestativos, corteses e de acreditarmos que as pessoas são boas e honestas.

Uma ligação de um pesquisador que possui uma fala educada e mansa pode extrair informações preciosas de seu interlocutor. Um sorriso para uma atendente e alguma demonstração de carinho podem facilitar a quebra de procedimentos de segurança.

A segurança é tão forte quanto o sistema mais fraco for. Geralmente o elo mais fraco envolve interação do sistema com humanos. É preciso desenvolver interfaces que façam a segurança ser menos inoportuna e intrusiva. Conforme os dispositivos de computação tornam-se melhores, é necessário esconder a segurança dos usuários, porém permitindo-lhes controle nas partes apropriadas.

Os problemas comportamentais acontecem em todos os níveis do sistema: no topo estão os usuários que não dominam computação, mas interagem com eles por diversão ou trabalho; no meio estão os usuários com conhecimento de computação que não têm, ou não deveriam ter, tempo ou interesse para lidar com as configurações; no nível mais baixo estão os administradores que têm a tarefa de instalar sempre as mais recentes correções de segurança sem poderem adivinhar as consequências decorrentes dessa instalação

A educação é um fator crítico para o sucesso de um ciclo de vida de desenvolvimento seguro. Muitas escolas e universidades não preparam seus alunos adequadamente para que sejam incorporados à força de trabalho em atividades que envolvam o projeto, desenvolvimento ou teste de software seguro. Mesmo quem fez cursos de segurança muito provavelmente estudou algoritmos de criptografia e modelos de controle de acesso, mas não abordou adequadamente questões como *buffer overflow*. Em geral, desenvolvedores, arquitetos, engenheiros e testadores de software carecem de habilidades apropriadas em relação à segurança.

Nessas circunstâncias, uma organização que deseja desenvolver software seguro precisa assumir a responsabilidade de treinar suas equipes apropriadamente no tema. Meios específicos de alcançar tais desafios variam dependendo do tamanho da organização e recursos disponibilizados. Uma organização com uma ampla população envolvida com engenharia de software pode ser capaz de comprometer--se a fornecer um programa de treinamento *in-house* de educação continuada em segurança, enquanto uma organização menor pode valer-se de treinamentos externos. O importante é que haja envolvimento e vontade para a construção de softwares mais seguros.

## 5.2 Segurança nos termos, condições e responsabilidades de trabalho

Garantir que a segurança dos ativos da informação seja uma responsabilidade de todos e que as ações dos colaboradores estejam aderentes à política de segurança é fundamental para o sucesso da segurança corporativa.

Os termos e condições de trabalho, o que está relacionado ao cargo que a pessoa ocupa, as obrigações, cuidados e condutas relativas à segurança da informação devem estar registrados no contrato de trabalho.

Um termo de confidencialidade poderá fazer parte deste contrato por ocasião da admissão do colaborador.

## 5.3 Segurança no processo de seleção de pessoal

Como já dissemos, as pessoas fazem parte do centro da política de segurança, então o processo de seleção dos colaboradores também deve ser alvo de atenção da segurança da informação, uma vez que é a porta de entrada para a organização.

Muitas vezes acreditamos que pedir referências, cópias de documentos e um currículo detalhado são suficientes. Não é! É preciso checar, confirmar, entrar em contato com as pessoas e empresas citadas, confirmar os diplomas nas instituições de ensino, verificar, junto às empresas, onde o provável colaborador trabalhou, sua conduta.

## 5.4 Treinamento dos usuários

Treinar, educar e conscientizar. Três ações essenciais para o sucesso de qualquer política de segurança bem sucedida.

Todos os colaboradores, internos e externos, precisam conhecer a política de segurança, suas diretrizes, entender os conceitos de confidencialidade, integridade e disponibilidade e seus desdobramentos e, principalmente, ter uma conduta compatível com as boas práticas da segurança da informação.

O treinamento deve ser periódico e sistemático, promovendo o desenvolvimento da cultura da segurança da informação, suas técnicas e ferramentas de controle.

## Caso da vida real - 08

Crackers usam golpe de suporte técnico para enganar usuários móveis

*Pesquisadores da empresa de segurança Malwarebytes recentemente identificaram um "golpe do suporte técnico" que tem como alvo usuários de smartphones e tablets. No início do mês, a Comissão Federal do Comércio dos EUA também alertou consumidores sobre golpes que oferecem reembolso para suporte técnico.*

### Como o esquema funciona

*Golpes de suporte técnico consiste em um cibercriminoso fazer uma chamada não solicitada para os usuários. Eles se apresentam como especialistas de suporte técnico que supostamente identificaram uma infecção por malware ou outros problemas detectados nos computadores das vítimas.*

*Este tipo de fraude tornou-se comum nos últimos anos, especialmente em países de língua inglesa, e causou alertas de grupos de defesa do consumidor, agências governamentais e empresas de segurança.*

*Os golpistas usam linguagem técnica e profissional para ganhar a confiança dos usuários e pedir para que as vítimas baixem e instalem programas de acesso remoto em seus computadores.*

*Desse modo, os cibercriminosos podem se conectar às máquinas e abrir diversos utilitários do sistema como o visualizador de eventos do Windows ou o editor de registros para mostrar às vítimas erros em uma tentativa de provar que seus computadores realmente estão com problemas.*

*O objetivo desses scammers é inscrever as vítimas em serviços de suporte técnico desnecessários, convencê-las a comprar softwares de segurança inúteis, instalar malware em suas máquinas ou mesmo roubar informações pessoais e financeiras.*

## Migrando para o móvel

Golpes de suporte técnico têm atingido usuários do Windows e do Mac OS X, mas agora parece que eles estão expandindo sua atuação para o mercado móvel.

«Empresas envolvidas nesse tipo de golpe podem usar um de dois métodos disponíveis (ou até ambos) para atingir as potenciais vítimas: podem ligar e/ou usar propaganda online», disse o pesquisador de segurança sênior da Malwarebytes, Jerome Segura. «Enquanto pagar por publicidade requer um determinado orçamento, a propaganda tem a vantagem de canalizar as perspectivas com mais qualidade, porque as pessoas de fato estão enfrentando um problema.»

Segura, recentemente, pesquisou por «suporte técnico para Android» no Bing a partir do seu tablet e os dois primeiros resultados de anúncios pagos - patrocinados - levavam a sites de empresas que oferecem suporte técnico para tablets e smartphones.

Ele ligou para o número gratuito listado em uma das páginas e, de acordo com ele, o que se seguiu foi claramente um golpe de suporte técnico.

O suposto técnico pediu que Segura conectasse o telefone ao seu computador e, em seguida, instalasse o software de acesso remoto no computador para que pudesse acessar o telefone. Depois de se conectar por meio do software e navegar por entre o armazenamento interno do telefone, o técnico alegou que uma infecção por malware no PC estava causando problemas em toda a rede e afetando o telefone Android quando utilizava o Wi-Fi.

O "técnico", então, afirmou que um arquivo chamado rundll32.exe, que é na verdade um arquivo de sistema do Windows legítimo, era o problema e afirmou que também tinha sido instalado no telefone.

De um ponto de vista técnico, isso não faz sentido uma vez que arquivos executáveis do Windows não podem ser executados no Android.

"É muito difícil manter a compostura ao ouvir essas mentiras descaradas», disse Segura. «Não é que o técnico seja mal informado, mas ele está plenamente consciente do que faz e ainda assim não tem qualquer problema com isso."

O técnico então excluiu alguns arquivos da pasta Windows Prefetch e depois os restaurou usando um atalho de teclado, afirmando que este era um sinal do reaparecimento da infecção. Ele, então, disse a Segura que ele precisaria comprar uma assinatura de suporte técnico de 12 meses, que custaria 299 dólares.

"O mais assustador é que muitas pessoas que não possuem tanto conhecimento técnico assim acreditam nestas palavras e acabam pagando centenas de dólares para serviços duvidosos de empresas desonestas de suporte técnico", disse Segura.

Embora, neste caso particular, os scammers usaram anúncios online para atingir os usuários de smartphones e tablets, Segura acredita que eles certamente vão usar o método de chamadas telefônicas não solicitadas também. Eles podem pedir aos usuários para instalarem o software de acesso remoto diretamente em seus dispositivos móveis no futuro, disse Segura.

Fonte:http://www.totalsecurity.com.br/noticia/3091/Crackers_usam_golpe_de_suporte_tecnico_para_enganar_usuarios_moveis

## Caso da vida real - 09

Prepare-se! Seu celular será a porta para o roubo de dados pessoais

*A adoção crescente de dispositivos móveis conectados à Internet é um ímã para os cibercriminosos, avisa a Symantec. Estudo recente da empresa de segurança afirma que 22 milhões de brasileiros foram vítimas de crime digital nos últimos 12 meses, sendo que 57% delas foram atacadas a partir dos seus smartphones.*

Um dos fatores que levaram a este número alarmante foi o uso de redes WiFi públicas e abertas. Segundo o estudo, 61% dos que costumam usar as redes sem fio em locais públicos acessam ou mandam e-mails pessoais, 68% acessam suas redes de relacionamento e 28% verificam dados bancários a partir desta conexão insegura.

Além disso, as pessoas confiam demais em seus dispositivos móveis, segundo a empresa. Razão pela qual são facilmente enganadas por armadilhas, golpes e fraudes disfarçados de apps móveis seguros. Recentemente, um cibercriminoso russo criou um app que, supostamente, garantia uma maior quantidade de "curtir" em publicações no Instagram. Bastava que o usuário oferecesse o login e a senha. Ao todo, mais de 100 mil pessoas aderiram, antes que o golpe tivesse sido descoberto.

Esta alta confiabilidade dos aparelhos móveis será o foco dos criminosos virtuais em 2014, afirma a empresa, que não está sozinha no alerta. Segundo a G Data, embora os golpes envolvendo o envio de mensagens SMS para números "premium" – que cobram por mensagem enviada -, dando lucro aos golpistas e prejuízo ao usuário, estejam em declínio _ porque os dispositivos móveis com Android 4.2 ou superior serão dominantes do mercado, e eles contam com novos e mais potentes mecanismos de segurança _ os criminosos deverão seguir outro caminho em 2014.

"Prevemos 2014 como o ano dos roubos de dados pessoais através dos aparelhos móveis, mesmo com o aumento e melhoria dos mecanismos de segurança das novas versões do Android. Isso porque, como alternativa, os criminosos irão investir na criação de novos e poderosos botnets para smartphones e tablets diversos", comenta Ralf Benzmüller, especialista da G Data Security Labs.

A tendência preocupa não apenas as empresas de segurança. Esta semana, a Electronic Frontier Foundation fez críticas ao Google por ter removido o recurso App Ops, presente no Android 4.3, na atualização para a versão 4.4.2 disponível desde a última segunda-feira para os dispositivos Nexus. O App Ops fornece uma interface que permite aos usuários retirarem facilmente as permissões dadas aos aplicativos ao instalá-los. O controle granular das permissões fornecida pelo Ops App é algo que os defensores da privacidade sempre desejaram. A preocupação é que a remoção seja mantida quando o upgrade para a versão 4.4.2 do Android estiver disponível para aparelhos Androids de outros fabricantes.

"Por enquanto, apenas os usuários de dispositivos Nexus encontram-se na difícil situação de serem obrigados a optar entre fazer a atualização para a nova versão, que remove o recurso de privacidade Ops App, deixando seus dispositivos vulneráveis, ou não fazer e deixá-los desatualizados", afirmou à CSO Peter Eckersley, diretor de projetos de tecnologia da EFF.

O risco aí não é tanto o roubo de dados, mas o seu uso indevido por empresas não autorizadas e pelos Vulna _ como a FireEye chama os arquivos empacotados nas publicidades e apps disponíveis nos dispositivos móveis _ que têm a capacidade de recolher informações sensíveis, como o conteúdo de mensagens de texto, histórico de chamadas e listas de contatos.

O BYOD (uso dos dispositivos móveis pessoais para o trabalho) é outro fator que tem contribuído para o crescimento das vulnerabilidades móveis, segundo relatório recente da IBM. Afinal, os seus dados pessoais podem ajudar os cibercriminosos a terem acesso aos sistemas e dados da empresa.

Fonte: http://www.totalsecurity.com.br/noticia/3075/Prepare-se__Seu_celular_sera_a_porta_para_o_roubo_de_dados_pessoais

## Questões para discussão

1. Pesquise alguns casos recentes sobre Engenharia Social e relate algumas alternativas para a prevenção.

2. Verifique em sua empresa se existem treinamentos sobre segurança e descreva como eles ajudam a prevenir os ataques dos engenheiros sociais.

3. Sua organização já foi alvo da Engenharia Social? Quais ações foram tomadas para a mitigação desse risco?

4. Quais lições podem ser aprendias com a frase: "O ser humano é o elo mais frágil da corrente da segurança da informação"?

5. Como os casos da vida real podem ajudar a melhorar a maneira com que sua empresa lida com as questões humanas da segurança da informação?

# 06

# SEGURANÇA DO AMBIENTE FÍSICO

A segurança física trata do estabelecimento de barreiras de forma a evitar, ou retardar, intrusões e garantir uma resposta mais eficaz às mesmas. É a área da segurança que visa prevenir acessos não autorizados a equipamentos, instalações, materiais ou documentos. Este tipo de segurança pode ser concretizado por meio de uma simples porta ou envolver complexos sistemas de segurança onde a tecnologia de ponta é uma constante.

Ao contrário do que se pode pensar, essa preocupação com a segurança física não é um fenômeno do século XXI. Desde muito cedo na história da humanidade que, garantir a segurança de certos espaços foi uma preocupação. Por esta razão é com relativa facilidade que encontramos no passado vários exemplos de aplicação de medidas para garantir a segurança física de determinados lugares. As muralhas e os fossos construídos nos castelos medievais são apenas dois exemplos arcaicos de segurança física.

No entanto, os sistemas de segurança física têm sofrido uma evolução significativa nos últimos anos, nomeadamente devido à incorporação nos sistemas mais modernos de tecnologias como: utilização de detectores de infravermelhos; mecanismos de controle de acesso eletrônico e videovigilância.

É importante observar que, apesar de todos os desenvolvimentos tecnológicos, o objetivo final de prevenir acessos não autorizados a equipamentos, instalações, materiais e documentos não sofreu alterações.

Apesar de o objetivo da segurança física estar focado em evitar o acesso de pessoas indesejáveis a determinados espaços físicos, documentos ou produtos, pode haver diferentes formas de abordar este problema.

Para uns, um bom sistema de segurança é aquele que está pronto para dar resposta ao tipo de intrusos que se prevê estarem mais interessados no espaço ou/e informações ou bens protegidos. Já para outros, a estratégia mais indicada durante a concepção de um sistema de segurança física passa por montar um sistema cujos custos de planeamento e intrusão são superiores aos do valor dos produtos que se pretendem roubar.

Um sistema de segurança física eficaz utiliza um conceito com várias camadas interligadas entre si (figura xx). Nestes sistemas há dois tipos de defesa: a passiva, sempre que se pretende evitar ou atrasar as ações de possíveis intrusos e a ativa quando se detecta uma intrusão e se dá início aos processos de resposta.

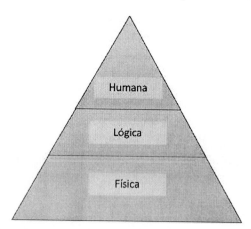

Figura 5 – representação da divisão da segurança em camadas

Quando se planeja um sistema de segurança física é fundamental levar em consideração que cada espaço que necessita de proteção é único. Dessa forma, o sistema, mesmo que adote estratégias adaptadas noutros projetos, deve ter em conta a singularidade do espaço protegido.

Como em todo o sistema de segurança, temos três pilares a serem observados: pessoas; tecnologias e processos.

Neste equilíbrio, e além do papel desempenhado pelas tecnologias ao dispor, é o papel da intervenção humana, aquele que assume maior importância. A incapacidade da tecnologia para desempenhar tarefas que podem ser tão simples, como identificar a presença de um indivíduo ou as intenções deste continua a fazer do fator humano um componente indispensável em qualquer sistema de segurança física. A presença humana é também importante porque, em última instância, são as pessoas que garantem a segurança física quando a tecnologia falha.

Como já vimos, e apesar da importância que assume nos sistemas de segurança, o fator humano está também sujeito a falhar. Isto pode acontecer por variadas razões, desde distrações a excesso de confiança nas tecnologias utilizadas, por exemplo:

- Permissão de acessos não autorizados
- Partilha de códigos de segurança
- Revelação de informação importante sobre os sistemas

## Sistemas de Detecção e Proteção Perimetral

A segurança perimetral diz respeito a todos os meios físicos, eletrônicos e humanos utilizados para garantir que o perímetro de um edifício ou área tem proteção contra potenciais ameaças e acessos não autorizados.

Além de ser muito importante adequar estes sistemas aos espaços protegidos, é conveniente que se pensem os sistemas em conformidade com os recursos financeiros disponíveis. Os custos de aquisição podem ser muito elevados, mas a estes é necessário acrescentar as despesas de manutenção que são essenciais para garantir o correto funcionamento do sistema.

Como os sistemas de detecção perimetral fazem parte dos sistemas de segurança física, estes são também constituídos por várias camadas as quais, normalmente, correspondem o uso de diferentes tecnologias. O fato das diferentes camadas estarem interligadas dificulta a ação do intruso, que assim tem de lidar com vários mecanismos de proteção ao mesmo tempo. Quando as várias camadas não estão interligadas, correspondendo somente a um somatório dos mesmos, a tarefa do intruso é facilitada porque este só tem de se preocupar com um obstáculo de cada vez.

Algumas das tecnologias mais utilizadas nestes sistemas são as barreiras de detecção e linhas enterradas.

Como barreiras de detecção, podemos exemplificar como barreiras de infravermelhos, barreiras de micro-ondas e barreiras de dupla tecnologia.

Como linhas enterradas ou associadas a uma vedação, podemos exemplificar como:

- Sensores sísmicos ou de pressão que respondem a distúrbios no solo associados ao impacto da deslocação;
- Sensores de campo eletromagnético que respondem à alteração no campo eletromagnético causado pela movimentação de material metálico, ideais para a detecção de veículos ou armas.
- Detecção por cabo coaxial – Mede as alterações de condutividade
- Detecção por fibra óptica – Mede a variação de intensidade e difração de luz resultantes da deformação a que a fibra for sujeita.
- Cabo sensor – Detecta movimentos ou choque provocados por um indivíduo em contato com a vedação.

As novas tecnologias de análise inteligente de vídeo permitem também definir no sistema de videovigilância vedações virtuais em torno da área a proteger constituindo-se assim como alternativa ou complemento da detecção convencional.

Sendo assim, para garantir a adequada segurança física dos ativos da informação é preciso combinar medidas de prevenção, detecção e reação aos possíveis incidentes de segurança.

A ISO27002 chama de barreira de segurança quaisquer medidas preventivas que empeçam ataques aos ativos da informação, que podem ser físicas (muros, cercas, trancas), lógicas (senhas de logon) ou uma combinação de ambas (toquem).

Perímetro de segurança é o contorno ou linha imaginária que delimita uma área ou região separada de outros espaços físicos por um conjunto qualquer de barreiras.

A definição clara do perímetro de segurança ajuda a estabelecer melhor os investimentos e definir quais tipos de barreiras são mais adequadas para a proteção do ativo da informação.

Existem vários perímetros a serem protegidos (prédios, geradores, cofres, etc.), mas vamos nos ater aos perímetros que dizem respeito à segurança da informação propriamente dita.

## 6.1 Segurança em escritórios, salas e instalações de processamento de dados

A ISO27002 recomenda que seja elaborado um projeto de áreas de segurança que contemple escritórios fechados, ou com várias salas dentro de um perímetro seguro que considere as ameaças de fogo, poeira, fumaça, vibração, vazamento de água, explosão, manifestações civis e outros tipos de desastres naturais.

Equipamentos instalados em áreas comuns exigem medidas de proteção específicas contra acesso não autorizado, dano ou furto. A norma sugere mecanismos de bloqueio (por exemplo, *time-out*) e treinamento específico para os prestadores de serviços de limpeza e manutenção.

Os equipamentos devem ser instalados e protegidos para reduzir o risco de ameaças ambientais, perigos e oportunidades de acesso não autorizado.

## 6.2 Segurança de equipamentos

Os equipamentos também precisam ser protegidos contra falha de energia e outras anomalias na alimentação elétrica. A ISO 27002 aponta algumas opções para garantir a continuidade do fornecimento elétrico: alimentação com múltiplas fontes, uso de nobreaks e geradores de reserva.

Outra fonte de problemas que precisa ser considerada são os defeitos inerentes aos próprios produtos de hardware. Medidas devem ser tomadas, de forma preventiva, para garantir o perfeito funcionamento dos equipamentos, com o planejamento de manutenções periódicas para minimizar possíveis cenários de mau funcionamento.

## 6.3 Segurança de documentos em papel e eletrônicos

A guarda permanente de documentos de valor para a organização exige mecanismos de proteção compatíveis com o meio em que o documento foi produzido.

Proteger adequadamente os documentos em papel implica na adoção de procedimentos de tratamento das cópias, armazenamento, transmissão e descarte seguros.

Documentos em papel trazem preocupações como acidez do papel, técnicas de restauração de livros, umidade do ambiente, etc.

Caso a organização dependa de documentos em papel para cumprir sua missão e alcançar seus objetivos, ela deve dispor de controles para proteção dos mesmos contendo pelo menos: a) Uso de rótulos para identificar documentos; b) Política de armazenamento de papéis em local adequado; c) Procedimentos especiais para impressão, cópia e transmissão; d) Recepção e envio de correspondências sigilosas.

Papéis sensíveis como cheques e notas fiscais em branco, precisam de procedimentos especiais de armazenamento e manipulação.

Documentos eletrônicos, por sua vez, trazem outras questões tais como: a) Um aparato tecnológico que os tornem visíveis e compreensíveis aos seus usuários; b) Integridade das informações, pois documentos eletrônicos podem ser mais facilmente adulterados em meio magnético do que em papel.

A necessidade de arquivamento dos documentos eletrônicos exige as mesmas preocupações de conservação dos documentos em papel e adiciona a questão da obsolescência tecnológica. Disquetes e cartuchos de fitas já não podem mais ser lidos pela maioria dos equipamentos modernos.

## 6.4 Segurança de mídias de computador

A ISO27002 recomenda que as mídias de computador precisam ser controladas e fisicamente protegidas. A segurança dos *backups* é uma das grandes preocupações deste tópico.

Armazenamento, controle de acesso às mídias, cópia e descarte devem ser alvo de uma política específica a fim de proteger este ativo.

## 6.5 Segurança no cabeamento

A ISO27002 recomenda os seguintes controles para o cabeamento elétrico e de telecomunicações:

a. Sempre que possível, a utilização de linhas subterrâneas;
b. Proteção do cabeamento de rede contra interceptações não autorizadas ou danos;
c. Separar cabos elétricos dos de comunicação;
d. Uso de conduítes blindados e salas trancadas para os sistemas críticos

## Caso da vida real - 10

### Boas práticas para garantir a segurança física da informação

*Por mais que os casos de roubo de informações mais conhecidos sejam feitos através de redes, o comprometimento físico de informações, por diversos motivos, também gera diversos transtornos, então tomar algumas medidas e precauções pode minimizar a chance de algo ocorrer, ou ao menos minimizar o problema.*

**Faça backup:** *Procure fazer cópias de segurança de toda a sua informação, ou pelo menos da com maior importância, se possível, aplique criptografia e guarde-a em local seguro. Procure usar a mídia de backup que melhor se adeque ao seu cenário.*

**Mantenha objetos de valor sempre por perto:** *Deixar seus aparelhos em locais de acesso público, ou com pouca restrição, enquanto você permanece distante, é uma brecha para algum indivíduo mal-intencionado furtar o aparelho e/ou alguma informação contida nele.*

**Trave seu aparelho sempre que se ausentar, ou estiver longe dele:** *Colocar senhas ou PINs de acesso dificulta o acesso não autorizado ao seu dispositivo. Lembre-se de nunca usar senhas simples.*

**Evite o fogo e o calor:** *A maioria dos componentes eletrônicos é sensível ao fogo, ou até mesmo à temperatura elevada. Nesses casos, mesmo que os dispositivos de armazenamento continuem intactos, o comprometimento de outros componentes físicos pode impossibilitar o acesso à informação.*

**Mantenha seus dispositivos sempre secos:** *Assim como o fogo, a água pode comprometer aparelhos eletrônicos, então fique atento para lugares que tenham infiltrações. Evite também lugares úmidos, como banheiros.*

***Atenção para as fontes e à qualidade da infraestrutura elétrica:*** *Fontes "genéricas" tendem a ter qualidade duvidosa, isto pode acarretar em problemas que podem comprometer o restante do hardware. Porém, em uma rede elétrica instável, mesmo uma fonte de qualidade não é o bastante para impedir danos graves ao dispositivo. Atenção para o aterramento dos seus dispositivos.*

*Fonte:http://gris.dcc.ufrj.br/news/boas-praticas-de-seguranca-fisica-da-informacao*

## Caso da vida real - 11

Falhas nos sistemas SCADA são exploradas para abrir portas de prisão

*A descoberta do worm Stuxnet tem alertado governos do mundo todo sobre a possibilidade de sistemas de controle industrial serem alvos de hackers e fez com que muitos pesquisadores de segurança concentrassem seus esforços em encontrar bugs que afetassem esses sistemas, para serem corrigidos antes que os atacantes tivessem a chance de explorá-los.*

*A descoberta do worm Stuxnet tem alertado governos do mundo todo sobre a possibilidade de sistemas de controle industrial serem alvos de hackers e fez com que muitos pesquisadores de segurança concentrassem seus esforços em encontrar bugs que afetassem esses sistemas, para serem corrigidos antes que os atacantes tivessem a chance de explorá-los*

*Os sistemas SCADA (do inglês Supervisory Control And Data Acquisition) são sistemas computadorizados que monitoram e controlam processos industriais e de infraestrutura, geralmente controlando a ventilação, temperatura, acesso, consumo de energia e outros fatores, em grandes instalações públicas ou privadas.*

*Entre essas instalações estão prisões estaduais e federais nos Estados Unidos, e como o controle de acesso e comunicação é crítico nesse caso, um grupo de pesquisadores organizaram-se para descobrir se bugs nos sistemas SCADA permitiriam a atacantes tomar o controle dessas instalações.*

*Sem nenhuma experiência prévia sobre a programação desses sistemas, os pesquisadores tiveram sucesso nas suas tentativas e desenvolveram ataques que permitiriam a abertura das portas das prisões (temporária ou permanentemente), sem alertar os guardas na sala de controle, e ataques que desligariam as comunicações internas e os sistemas de monitoramento televisivo.*

*Os resultados foram apresentados ao público numa recente conferência intitulada "Hacker Halted". O DHS (Department of Homeland Security), responsável pela segurança nacional nos EUA, confirmou a validade dos resultados obtidos pelos pesquisadores.*

Fonte: http://gris.dcc.ufrj.br/news/falhas-nos-sistemas-scada-sao-exploradas-para-abrir-portas-de-prisao

## Questões para discussão

1. Como as barreiras de segurança física contribuem para a segurança da informação?

2. Quais são as outras barreiras físicas que você já viu? Quais os pontos fortes de cada uma delas? Onde sua utilização é mais indicada?

3. Quais medidas sua organização toma em relação à segurança física?

# SEGURANÇA DO AMBIENTE LÓGICO

## 7.1 Segurança em redes

As preocupações com a segurança das redes devem abranger os problemas de autenticação de usuários e equipamentos e de restrição do acesso dos usuários aos serviços autorizados, contemplando o estabelecimento de interfaces seguras entre a rede interna e a rede pública ou de outra organização. A norma ISO27002 menciona diversos mecanismos de proteção das redes, dentre os quais destacamos os gateways e firewalls, que podem ser utilizados para, entre outras aplicações, controlar o tráfego que entra e sai, estabelecer rotas de redes obrigatórias e dividir grandes redes em domínios lógicos separados, a serem protegidos por perímetros de segurança específicos. Outros exemplos de controles citados na norma são o uso de técnicas de criptografia, tokens, VPN´s, antivírus, etc.

A norma ISO/IEC 27002 também afirma, em um dos seus controles, que um método de melhorar a segurança da informação em grandes redes é dividi-la em domínios de redes lógicas diferentes.

De fato, esta é uma prática comum em redes de computadores estruturadas que garante acesso restrito a certos serviços. Por exemplo, uma instituição de ensino como uma faculdade, que possui laboratórios de informática utilizados por seus alunos, não seria conveniente que eles estivessem desenvolvendo suas pesquisas na mesma rede onde se encontra o servidor de banco de dados com suas notas, faltas e vida financeira. Tais dados poderiam estar em risco. Porém, também não seria conveniente para a instituição manter uma infraestrutura física separada para atender apenas aos laboratórios, isso sairia caro, portanto, com a divisão lógica da rede é possível manter apenas uma estrutura física impondo limites, logicamente.

"Tal perímetro de rede pode ser implementado, instalando um gateway seguro entre as duas redes a serem interconectadas para controlar o acesso e o fluxo de informação entre os dois domínios. Convém que este gateway seja configurado para filtrar tráfico entre esees domínios e bloquear acesso não autorizado conforme a política de controle de acesso da organização". (ISO/IEC 27002).

Outra situação onde a segregação de rede se faz necessária é quando máquinas da rede precisam receber acessos externos, como é o caso de servidores Web e e-mail, por exemplo. O fato de deixá-las no mesmo segmento de rede de outras máquinas não impediria que o serviço que elas executam funcionasse corretamente, porém, em caso de invasão, todo o segmento de rede estaria em risco. O atacante poderia utilizar de uma falha no servidor Web para ter acesso ao servidor de banco de dados da empresa e roubar informações sigilosas, além é claro, de ter controle sobre o primeiro servidor.

Neste caso, seria criada uma divisão lógica, ou uma sub-rede, chamada de DMZ (Zona Desmilitarizada). Este segmento seria protegido por um Firewall, porém, permitiria o acesso de clientes externos conforme demandam os seus serviços.

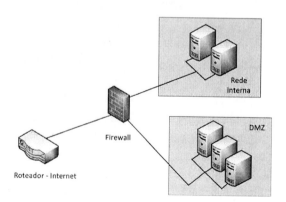

Figura 6 – exemplo de segregação de rede com uma DMZ

O conceito de Firewall, e que se aplica muito bem nessa situação, está ligado às paredes internas de uma construção que impedem que o fogo se propague de uma sala para outra.

Caso o atacante consiga explorar uma falha em um dos serviços da DMZ, ainda não teria acesso à rede interna da corporação. A recomendação da norma ISO/IEC 27002 é que "os domínios sejam definidos de acordo com uma análise de riscos e requisitos de segurança diferentes". Esta análise pode determinar a divisão da rede em vários segmentos, como sistemas publicamente acessíveis, redes internas e ativos críticos.

## 7.2 Firewall

Com o avanço das redes de computadores e a possibilidade de conectar praticamente qualquer computador a outro, um grande problema surgiu aos administradores de rede, a possibilidade de um intruso acessar uma rede privada se passando por um usuário legítimo e ter acesso às informações sigilosas. Além disso, ainda existe o problema dos vírus e *worms*, que podem burlar a segurança e destruir dados valiosos.

Para ajudar a manter as redes mais seguras, os *Firewalls* são uma única passagem para os dados, onde todos são analisados antes de serem liberados. Todo o tráfego de uma rede passa obrigatoriamente por uma estação de controle para ser analisado. aso não encontre nenhuma restrição, o *Firewall* libera o pacote e este segue para seu destino, caso contrário, é sumariamente descartado.

Normalmente, um *Firewall* é instalado no ponto de interligação de uma rede interna com a Internet. Todo o tráfego, nos dois sentidos, tem de passar por este ponto e, dessa forma, atender aos requisitos da política de segurança da instalação.

Tipicamente, o *Firewall* divide-se em dois componentes: o filtro de pacotes, que faz exatamente a função que explicamos acima, inspecionando cada pacote de entrada e saída, e identificando a origem e o destino de cada um. E o *gateway* de aplicação que em vez de apenas examinar os pacotes brutos, toma a decisão de transmitir ou descartar a mensagem através da análise dos campos de cabeçalho, do tamanho da mensagem e até do seu conteúdo (em busca de palavras-chave). Esse *gateway* é bastante útil quando se deseja bloquear o acesso a conteúdos que não têm uma fonte específica, ou que são providos por um serviço onde as portas são atribuídas dinamicamente. Neste caso os pacotes passariam pelo filtro de pacotes, porém seriam bloqueados pela análise do gateway de aplicação.

A maioria dos *Firewalls* identificam os ataques antes que consigam causar algum dano sério. Porém, um dos ataques mais comuns e que ainda é a causa de muitas indisponibilidades de serviços é o ataque de negação de serviço (DoS), onde o atacante envia milhares de pedidos de conexão ao servidor, que por sua vez responde a cada um deles, normalmente cada pedido fica retido por um tempo até que seja eliminado automaticamente pelo servidor, porém, até que isso aconteça, o limite de conexões do servidor pode ser excedido, e a partir daí nenhuma conexão nova poderá ser aceita, deixando o serviço em questão indisponível para outros usuários.

Para se proteger contra esse ataque o *Firewall* deve ser configurado para limitar a quantidade de conexões estabelecidas por cada usuário, desta forma, mesmo que o atacante utilize vários endereços de origem diferentes para conseguir várias conexões, será mais trabalhoso conseguir a negação do serviço para usuários legítimos.

## 7.3 Perímetros lógicos

As chamadas redes de perímetro, ou zonas desmilitarizadas (DMZ, do termo de--militarized zone) permitem proteger um computador ou segmento de rede que fica entre uma rede interna e a internet. A DMZ atua como intermediário tanto para o tráfego de entrada quanto de saída. O termo vem de uso militar, significando uma área neutra que separa dois inimigos.

Além disso, o uso de Redes Privadas Virtuais (VPN´s) representa outra alternativa interessante na racionalização dos custos de redes corporativas, oferecendo confidencialidade e integridade no transporte de informações por meio das redes públicas.

A ideia é utilizar uma rede pública, como a internet, ao invés de linhas privadas para tráfego de informações corporativas.

De forma simplificada, os softwares de VPN´s criam túneis virtuais criptografados entre pontos autorizados para transferência de informações de forma segura.

## 7.4 Antivírus

Os vírus de computador tornaram-se uma praga no mundo digital e as empresas têm gasto milhares de dólares na busca por formas de combatê-los. Basicamente, um vírus é um código malicioso que se hospeda em outro programa do computador. Quando um programa infectado é iniciado, este começa uma varredura no disco rígido em busca de outros arquivos executáveis, quando um programa é localizado, ele é infectado anexando-se código do vírus no final do arquivo e substituindo a primeira instrução por um salto para o vírus. Desta maneira, toda vez que o usuário tenta executar um programa infectado, irá, na verdade, executar o código do vírus e estará, cada vez mais, propagando o código malicioso para outros arquivos.

Além de infectar outros programas, um vírus tem controle quase que total sobre a máquina e pode fazer muitas coisas no computador, como apagar, modificar ou bloquear arquivos do usuário, exibir mensagens na tela e, muito comumente, pode simplesmente danificar o setor de inicialização do risco rígido, impossibilitando o funcionamento do sistema operacional. A única alternativa para o usuário neste caso é reformatar o disco rígido e recriar o setor de inicialização.

Combater alguns tipos de vírus não é uma tarefa fácil principalmente quando ele possui embutido em seu código uma característica de mutação própria, transformando-se novamente em uma estrutura desconhecida pelo antivírus.

Existem quatro formas diferentes de detecção possíveis para antivírus:

> **Escaneamento de vírus conhecidos:** Apesar de ser bastante antigo, este ainda é o principal método de detecção de códigos maliciosos. Assim como, na área da saúde, os médicos e infectologistas precisam conhecer

parte do vírus (biológico) para desenvolver uma vacina que será aplicada em humanos, na área computacional, as empresas desenvolvedoras dos antivírus (digitais) precisam também conhecer o código malicioso para poder criar uma vacina e proteger os computadores. Uma vez que as empresas recebem o vírus, uma parte do código é separada (chamada de *string*) e tomada como "assinatura" ou impressão digital do vírus, que por sua vez, passa a integrar uma lista de vírus conhecidos. Esta lista é distribuída por meio de atualizações, via internet, para os computadores pessoais. A partir daí, sempre que o antivírus identificar em um programa a *string* de um vírus, este será bloqueado.

**Análise Heurística:** Este processo consiste em uma análise, por parte do antivírus, em programas que estão sendo executados em busca de indícios de ações que seriam executadas comumente por vírus. Por exemplo, uma função de escrita em um arquivo executável, ou em vários arquivos executáveis de forma sequencial, isso poderia ser um indício de que um código malicioso estaria tentando se propagar, atribuindo seu código a outro executável. Neste caso, a análise Heurística do antivírus deve bloquear a ação e alertar ao usuário sobre o evento. Este é um processo complexo e que nem sempre funciona como deveria. Algumas funções que seriam identificadas como suspeitas podem ser totalmente normais em determinadas circunstâncias, gerando o que o próprio chama de falso positivo, que é quando um alerta de vírus é dado para um arquivo legítimo.

**Busca Algorítmica:** Em comparação com o primeiro método, este processo de identificação é um pouco mais preciso, pois utiliza um conceito de busca mais complexo. Uma série de condições pode ser imposta para que o vírus seja identificado, como a extensão do arquivo, o tamanho, a *string*, e outros mais. Devido à sua maior complexidade, torna a pesquisa mais lenta e, por isso, acaba sendo utilizado apenas em casos onde o método de comparação de *string* não é eficaz.

**Checagem de Integridade:** Diferentemente dos outros métodos, nesta técnica não é necessário conhecer o código do vírus anteriormente para se proteger dele. Consiste basicamente em criar um registro com os dígitos verificadores de todos os programas instalados no computador. Tal registro deve ser feito logo após uma formatação completa e armazenado em um local seguro no computador e criptografado. Posteriormente, quando executada uma verificação, o código verificador do programa em execução será comparado com o código armazenado no banco de dados do antivírus, caso haja alguma alteração significa que o programa foi alterado sem permissão. Tal abordagem não impede a infecção, mas permite detectar cedo a sua presença.

Como podemos perceber nenhum dos métodos disponíveis até hoje é completamente eficaz contra as pragas virtuais. O mais certo é utilizar um antivírus que esteja sempre atualizado e que possua métodos de detecção próprios eficientes como a Análise Heurística e a Checagem da Integridade, mesmo assim, deve-se sempre instalar softwares originais e de fontes confiáveis.

## 7.5 Criptografia e Esteganografia

A criptografia é definida como arte ou ciência de escrever em cifras ou em códigos, com o propósito de restringir ao destinatário a capacidade de decodificá-la e compreendê-la. Mecanismos de criptografia são amplamente adotados em ambientes computacionais para oferecer garantia de autenticação, privacidade e integridade de dados e comunicações, e sem essa tecnologia não seria possível popularizar o comércio eletrônico.

A criptografia simétrica, ou tradicional, utiliza uma única chave que serve tanto para cifrar como decifrar a informação. Como as duas ou mais partes compartilham a mesma chave para codificar e decodificar, qualquer descuido na preservação da chave pode levar ao comprometimento da segurança do processo.

A criptografia assimétrica, ou de chave pública, trabalha com duas chaves diferentes, matematicamente relacionadas, para codificar e decodificar a mensagem. A chave pública está disponível a todos que queiram criptografar informações e enviá-las ao dono da chave privada, ou verificar uma assinatura digital criada com aquela chave privada. A chave privada, de uso exclusivo do proprietário para assinar ou decodificar mensagens a ele destinadas, deve ser mantida em segredo para garantir a confiabilidade deste processo.

As técnicas de esteganografia possibilitam a ocultação de uma informação dentro de outra, usando o princípio da camuflagem. No caso da esteganografia digital, informações podem ser escondidas em arquivos de imagem, som, texto, etc. Normalmente estes arquivos apresentam áreas com dados inúteis ou pouco significativos, que podem ser substituídos pela informação que deseja esconder.

Existem vários softwares que possibilitam o uso de técnicas de criptografia e esteganografia para ocultação de dados em arquivos de imagens e sons, que podem então ser transportados em CDs ou DVDs ou transmitidos em mensagens de correio eletrônico, para posterior recuperação pelo destinatário.

## 7.6 Assinatura e certificado digital

### Assinatura digital

A utilização da assinatura digital providencia a prova inegável de que uma mensagem veio do emissor. Para verificar este requisito, uma assinatura digital deve ter as seguintes propriedades:

- Autenticidade - o receptor deve confirmar que a assinatura foi feita pelo emissor;
- Integridade - qualquer alteração da mensagem faz com que a assinatura não corresponda mais ao documento;
- Não repúdio ou irretratabilidade - o emissor não pode negar a autenticidade da mensagem;

Existem diversos métodos para assinar digitalmente documentos, e estes métodos estão em constante evolução. Porém, de maneira resumida, uma assinatura típica envolve geração, um resumo criptográfico da mensagem através de algoritmos complexos (Exemplos: MD5, SHA-1, SHA-256) que reduz qualquer mensagem sempre a um resumo de mesmo tamanho. A este resumo criptográfico se dá o nome de *hash*.

Após gerar o *hash*, ele deve ser criptografado através de um sistema de chave pública, para garantir a autenticação e o não repúdio. O autor da mensagem deve usar sua chave privada para assinar a mensagem e armazenar o *hash* criptografado junto à mensagem original.

Para verificar a autenticidade do documento, deve ser gerado um novo resumo a partir da mensagem que está armazenada, e este novo resumo deve ser comparado com a assinatura digital. Para isso, é necessário descriptografar a assinatura obtendo o *hash* original. Se ele for igual ao *hash* recém-gerado, a mensagem está íntegra.

Além da assinatura, existe o selo cronológico que atesta a referência de tempo à assinatura.

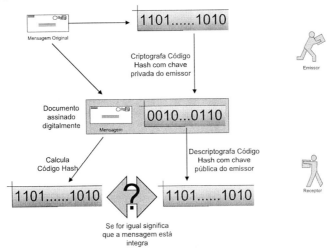

Figura 7 – Assinatura digital

## Certificado digital

O primeiro passo para obter uma assinatura digital é procurar uma entidade que faça esse serviço, isto é, deve-se procurar uma Autoridade Certificadora (AC). Uma AC tem a função de verificar a identidade de um usuário e associar a ele uma chave. Essas informações são, então, inseridas em um documento, conhecido como certificado digital.

Um certificado digital contém a chave pública do usuário e os dados necessários para informar sua identidade. Esse certificado pode ser distribuído na internet. Com isso, uma pessoa ou instituição que queira comprovar a assinatura digital de um documento pode obter o certificado digital correspondente. É válido saber que certificados digitais não são usados apenas em conjuntos com assinaturas digitais.

## 7.7 Sistemas de detecção de intrusos

Podemos definir o termo detecção de intrusos (IDS – Intrusion Detection System) como sendo um serviço que monitora e analisa eventos de uma rede com o propósito de encontrar e providenciar alertas em tempo real a acessos não autorizados aos recursos de rede. Ou seja, pode ser definido como um software que está constantemente funcionando em segundo plano, monitorando o tráfego de uma rede de computadores à procura de indícios de invasão. Caso venha a detectar uma invasão, aciona as rotinas pré-definidas pela organização a fim de inibir tal acesso.

## *Caso da vida real - 12*

O retorno dos Trojans de BIOS

*O Centro de Pesquisa em Segurança chinês 360.cn, recentemente descobriu um vírus na Internet que se hospeda na BIOS de um computador, onde permanece escondido de scanners de vírus convencionais. BIOS, em computação, significa Basic Input/Output System (Sistema Básico de Entrada/Saída) e é responsável pelo carregamento dos Sistemas Operacionais.*

*O malware, chamado Mebromi, primeiro verifica se o computador da vítima usa um BIOS Award (tipo popular de BIOS). Se assim for, ele usa a ferramenta de linha de comando CBROM para enviar sua extensão para a BIOS. Assim, na próxima vez que inicializar o sistema, a extensão de BIOS adiciona um código na MBR (Master Boot Record) do disco rígido a fim de infectar os processos winlogon.exe e winnt.exe nos Windows XP, 2003 e 2000 antes da inicialização do Windows.*

*De modo que na próxima vez que o Windows iniciar, o código malicioso fará o download de um rootkit que evitará que a MBR da unidade possa ser limpa por um programa scanner de vírus. Mas mesmo se a unidade já estiver limpa, a rotina de infecção é novamente repetida na próxima vez que o módulo de BIOS for inicializado.*

*O malware Mebromi também pode sobreviver a uma mudança de disco rígido. Se o computador não usa um BIOS Award, o contaminante, simplesmente, infecta o MBR. A ideia de ligar uma rotina maliciosa na BIOS não é nova e oferece aos atacantes a vantagem de manter um malware escondido do programa scanner de vírus.*

*Em 1999, o vírus CIH tentou manipular a BIOS da sua vítima, mas só tinha efeitos destrutivos: a BIOS era substituída, e o computador não inicializava. Em 2009, pesquisadores de segurança apresentaram um cenário em que um rootkit foi ancorado na BIOS. Mas, até agora, nenhuma contaminação de BIOS* conseguiu tornar-se generalizada, possivelmente porque existem diferentes fabricantes de placa mãe que usam diferentes BIOS

Fonte:http://gris.dcc.ufrj.br/news/o-retorno-dos-trojans-de-bios

## Caso da vida real - 13

### Mobile Banking: Os novos riscos

Dr. Markus Jakobsson, especialista em segurança na área de Phishing e Crimeware, ficou vários meses analisando o estado atual da segurança nos dispositivos móveis e percebeu que as vulnerabilidades nesses aparelhos mudaram um pouco nesses últimos 12 meses, e além disso, a maioria de seus usuários e das operadores não possuem nenhuma maneira real de se proteger de fraudadores que buscam ter acesso às contas financeiras.

"Até recentemente, o mercado de smartphones é considerado muito pequeno, mas em questão de meses ou mesmo de alguns anos, haverá mais smartphones no mundo do que computadores com Windows.", ele diz. "Não é preciso dizer que os infratores terão os dispositivos móveis como alvos mais frequentes."

Essa explosão no mercado acarretará maiores e mais dinâmicas ameaças que a história dos computadores já enfrentou, e o Mobile banking, e serviços financeiros serão certamente os primeiros alvos dos fraudulentos.

Globalmente falando, o uso crescente de smartphones estimulou a Agência Europeia e a Agência de Segurança da Informação a publicarem um novo relatório sobre a segurança de aplicativos móveis, mostrando uma lista de cincos medidas defensivas contra os possíveis Malwares. "Usando aplicativos maliciosos, hackers podem facilmente explorar a vasta quantidade de dados privados processados nos smartphones, tais como negócios confidenciais por e-mails, dados de localização, chamadas telefônicas, mensagens SMS e assim *por diante. Os consumidores estão pouco conscientes disso.", diz os Doutores Marnix Dekker e Giles Hogben, autores do relatório.*

*"Celulares são dispositivos sociais, e as pessoas são mais ingênuas quando se trata de usar seus dispositivos móveis.", diz Jakobsson. "Quando as pessoas interagem com outras em seus aparelhos, elas estão geralmente interagindo de uma forma mais descontraída do que em um computador tradicional, e isso recai sobre a forma como elas usam o dispositivo, seja para navegar na Internet, acessar e responder e-mails, utilizar o Internet Banking, ou realizar pagamentos. Seus comportamentos são muito mais arriscados e poderiam torná-los suscetíveis à fraudes.*

*Muitos consumidores entendem a importância da segurança em laptops e desktops. Contudo, se tratando de dispositivos móveis, a história é diferente. Juntando o comportamento de risco com a velocidade de interações de celulares, mensagens de texto e e-mail, é claro que muitos usuários de celulares podem ser facilmente pegos com a guarda baixa por um link malicioso que, em um ambiente tradicional on-line pode levantar uma bandeira vermelha.*

*Além disso, a segurança de muitas plataformas móveis e aplicações em si, como aplicativos para Android, têm levantado preocupações há anos. Tendo a disponibilidade de código aberto de aplicativos estar continuamente crescendo, isso se torna mais evidente.*

*Duas coisas estão acontecendo para criar uma tempestade perfeita. "Mais e mais pessoas, com o desenvolvimento e implantação do 4G, estão usando seus aparelhos móveis para operações bancárias como o PayPal e Square.", diz Jakobsson. "Elas usam isso para pagamentos de serviços especiais, o que quer dizer mais dinheiro para os atacantes."*

*Um outro desafio: Malwares são difíceis de serem detectados em dispositivo móvel, devido à natureza da tecnologia móvel. "Se você quiser detectar Malwares, você tem de observar sempre as assinaturas, mas você precisa olhá-las a todo instante.", diz Jakobsson. "Se você tiver um programa antivírus em seu* aparelho vasculhando, continuamente, programas maliciosos, a bateria de seu dispositivo vai embora! É uma dificuldade estrutural que o paradigma existente não foi superado. É uma falha técnica."

Fonte:http://gris.dcc.ufrj.br/news/mobile-banking-os-novos-riscos

## Questões para discussão

1. Como os dispositivos de firewall auxiliam a segurança da informação?
2. Qual a diferença entre criptografia e esteganografia?
3. Qual a vantagem de definir um perímetro lógico?
4. Quais medidas sua organização toma em relação à segurança lógica?
5. Quais mecanismos poderiam ser utilizados nos casos da vida real para mitigar seus riscos ou consequências?

# 08

# CONTROLE DE ACESSO

O acesso à informação deve ser controlado para que possamos garantir os três princípios básicos da segurança, mas não deve impedir os processos de negócio da organização.

O item 09 da norma ISO 27002 é todo dedicado a esse assunto, recomendando medidas de proteção, regras de acesso, etc. A norma tem como premissa que nada deve ser permitido! Tudo é proibido a menos que expressamente permitido.

O controle de acesso pode ser dividido em controle lógico e físico.

## 8.1 Controle de acesso lógico

Entre os recursos a serem protegidos na modalidade de acesso lógico temos: Sistemas, banco de dados, software, arquivo fonte, sistema operacional, utilitário e outros. Para estes ativos temos os seguintes controles:

### 8.1.1 Identificação e autenticação do usuário

Para a identificação de usuários com acesso a recursos computacionais, em geral, são criadas "contas de usuários" com uma identificação única e um ou mais métodos de autenticação para verificar essa identidade:

**a. O que você sabe**

Método de autenticação baseado na senha de acesso que o usuário sabe. As melhores práticas relacionadas a esse método recomendam troca periódica das senhas, identificação de senhas de fácil dedução, bloqueio de aceso após um certo número de tentativas sem sucesso, etc.

**b. O que você tem**

Autenticação baseada em algo que o usuário tem (*token*), como cartão magnético, smart card, cartão com chip, etc. É comum a associação deste método ao método do que você sabe, ou seja, *token* mais senha.

**c. O que você é**

Baseia-se nas características físicas do usuário, impressão digital, reconhecimento facial, voz, íris, etc., para identificar as pessoas. Em geral, os sistemas que utilizam este método, armazenam os dados biométricos dos usuários em base de dados criptografados.

Estas senhas devem estar sujeitas a processos formais e rotineiros de concessão, alteração e armazenamento.

A orientação aos usuários para criação de senhas de difícil adivinhação, troca periódica, não compartilhamento favorecem a administração eficiente do uso destes recursos.

## 8.1.2 Administração dos privilégios de usuários

Realizar uma administração adequada dos privilégios concedidos aos usuários dos sistemas de informação, baseada no uso de procedimentos rotineiros e formais, ajuda na implementação da segregação de funções e protege os ativos da informação contra acesso não autorizado.

O uso de perfis e grupos de usuários com diferentes necessidades e permissões, permite gerenciar de forma mais eficiente os privilégios de acesso a um ativo da informação.

A revisão frequente destes perfis e grupos, bem como os privilégios concedidos a cada um, é importante para garantir que os mesmos estejam adequados a uma real necessidade e realidade.

## 8.1.3 Monitoração do uso e acesso ao sistema

É importante que todos os sistemas possuam registro das atividades realizadas pelos seus usuários. Esses mecanismos, ou *log´s* como são conhecidos, devem registrar data e hora, tipo de atividade e, preferencialmente, registro de eventuais alterações (valor antigo e valor novo) para que seja possível a auditoria em caso de violação da integridade da informação. Estes *log´s* devem ser projetados para proteger as transações e informações mais importantes, pois claramente introduzem uma baixa de desempenho no sistema.

## 8.2 Controle de acesso físico

Os locais que ofereçam riscos para a segurança da informação devem ser protegidos por controles de entrada apropriados para evitar que pessoas não autorizadas obtenham acesso aos recursos de informação.

Estes controles devem ser proporcionais à importância ou criticidade do ativo a ser protegido, Podendo ser um crachá de identificação, um cartão com PIN ou dispositivo de senha nas portas de acesso, dentre outros.

## Caso da vida real - 14

### Sistemas de IoT estão vulneráveis, indica estudo da HP

*Levantamento aponta que 100% dos dispositivos avaliados contêm vulnerabilidades como falhas na segurança de senha, criptografia e problemas de autenticação.*

Sistemas de segurança doméstica, como câmeras de vídeo e detectores de movimento, vêm se popularizando com a expansão da Internet das Coisas (IoT, Internet of Things).

No entanto, testes realizados pela HP indicam que proprietários desses sistemas podem não ser os únicos monitorando suas residências.

O estudo concluiu que 100% dos dispositivos de segurança doméstica avaliados contêm vulnerabilidades significativas, incluindo falhas na segurança de senha, criptografia e problemas de autenticação.

Os desafios são grandes. A Gartner Inc. prevê que 4,9 bilhões de coisas conectadas estarão em uso em 2015, um aumento de 30% em relação a 2014. Este número deve chegar a 25 bilhões até 2020.

Neste cenário, o estudo revela como o mercado está mal equipado do ponto de vista de segurança para o crescimento esperado em torno da IoT e questiona se os dispositivos de segurança conectados realmente tornam as residências mais seguras.

Para o estudo, a HP utilizou o HP Fortify On Demand - plataforma de testes de aplicações - e avaliou dez dos principais sistemas de segurança do mercado norte-americano com componentes de aplicativos móveis e de nuvem.

*Entre as principais conclusões, descobriu que nenhum dos sistemas requeria o uso de uma senha forte e que 100% deles falharam em oferecer uma autenticação de dois fatores.*

*Questões com privacidade também foram abordadas pelo estudo. Todos os sistemas coletaram alguma forma de informação pessoal como nome, endereço e até mesmo números de cartões de crédito. A exposição dessas informações pessoais é preocupante devido aos problemas de busca de conta em todos os sistemas.*

*É importante observar que o uso de vídeo é o principal recurso de muitos sistemas de segurança doméstica, com visualização disponível por meio de aplicativos móveis e interfaces de web com base em nuvem. A privacidade de imagens de vídeo da parte interna da residência torna-se uma preocupação extra.*

*Para Jason Schmitt, vice-presidente e gerente geral da Fortify, linha de produtos do grupo Enterprise Security Products da HP, consumidores devem ser cuidadosos em relação à adoção de medidas que parecem simples e práticas. Da mesma forma, fabricantes de dispositivos devem assumir a responsabilidade de integrar segurança a seus produtos para evitar expor seus clientes à sérias ameaças.*

Fonte:http://computerworld.com.br/seguranca/2015/02/18/sistemas-de-iot-estao-vulneraveis-
-indica-estudo-da-hp/

## Caso da vida real - 15

### Como se proteger das ameaças internas de segurança

*Violações que ocorrem dentro de uma organização podem ser facilmente encobertas, e é difícil identificar o responsável.*

*Existe alguma coisa que pode ser feita para evitar que um incidente ocorra? Ou então reduzir os riscos de um empregado violar o banco de dados de sua empresa? Sim, existe, e são soluções simples que podem fazer toda a diferença. As violações que ocorrem dentro de uma organização podem ser facilmente encobertas, e é difícil identificar o responsável ainda mais quando todos apresentam indícios fortes de confiabilidade. E quando os criminosos são os próprios funcionários, não é difícil para que eles consigam encontrar as oportunidades certas, uma vez que eles possuem acesso a diversos arquivos, documentos e dados confidenciais.*

*Confira abaixo algumas práticas que podem ajudar sua empresa a se proteger das ameaças internas:*

*1. Implementar políticas de senhas fortes – é imprescindível inserir senhas fortes e verificar aquelas que possam ser alvos fáceis de serem descobertas. Se os insiders são administradores de sistema, eles provavelmente têm acesso aos hashes de senha. E nós sabemos que senhas fracas são alvos fáceis para hackers.*

*2. Impor acesso privilegiado com separação de funções – é preciso impor limites e saber quem pode ou não ter acesso aos arquivos ou pastas. Você deve ficar atento e monitorar o acesso dos usuários. Separar os acessos por funções pode ser uma saída para que funcionários de outras áreas não tenham acesso a documentos que não fazem parte de sua rotina.*

*3. Fique atento aos funcionários desligados - certifique-se de que os controles estejam configurados para negar o acesso no último dia de qualquer funcioná-*

rio, independentemente da razão pela qual a pessoa tenha deixado a empresa. O departamento de TI deve saber todos os caminhos de acesso que estão disponíveis para o trabalhador e evitar que uma invasão aconteça.

4. Cuidado com o acesso de terceiros – é fácil esquecer que a intranet de uma organização está aberta não apenas para os funcionários, mas também há a possibilidade de clientes, fornecedores externos e empreiteiros remotos acessarem a sua rede. Eles contam como insiders também. Embora você provavelmente não seja capaz de observar diretamente os eventos precursores, você deve agir cuidadosamente e monitorar a atividade desses agentes externos.

5. Seja sempre o backup – as organizações precisam ter em vigor um plano de recuperação do sistema de arquivos. Isso, claro, requer o backup de dados e, frequentemente, de outros documentos importantes. Você precisa ter sempre uma nova estratégia e trabalhar vários cenários, caso ocorra uma invasão.

Fonte:http://computerworld.com.br/como-se-proteger-das-ameacas-internas-de-seguranca

## Questões para discussão

1. Cite exemplos de dispositivos de controle de acesso lógico que você conhece.
2. Quais ações podem ser adotadas para melhorar o controle de acesso físico? Cite alguns exemplos.
3. Como o controle de acesso auxilia na segurança da informação?
4. Quais medidas sua organização toma em relação ao controle de acesso?

# PARTE II

# APLICAÇÃO DA SEGURANÇA NO DESENVOLVIMENTO DE SOFTWARE

# 09

# MODELOS DE ESPECIFICAÇÃO DA SEGURANÇA NO DESENVOLVIMENTO DE SOFTWARE

## 09.1 ISO/IEC 15.408 – *Common Criteria*

Critério comum para avaliação de segurança de tecnologia da informação. Este é o nome do padrão de mercado que deu origem à norma ISO/IEC 15.408, que muitas vezes é chamada, simplesmente, de *Common Criteria*.

O objetivo da norma é fornecer um conjunto de critérios que permitam especificar a segurança de uma aplicação, de forma clara, a partir de características do ambiente da aplicação, e definir formas de garantir a segurança da aplicação para o cliente final. Ou seja, o *Common Criteria* pode ser utilizado para desenvolver um sistema seguro ou avaliar a segurança de um já existente.

O *Common Criteria* estabelece que qualquer sistema para ser considerado seguro, precisa ter seu *Security Target* (objetivo ou alvo de segurança) elaborado. O *Security Target* indica quais aspectos de segurança foram considerados importantes para aquele sistema em particular.

O *Common Criteria* (CC) foi criado para ser usado como base para avaliação das propriedades da segurança dos produtos e sistemas de TI. Ao estabelecer critérios comuns, os resultados de uma avaliação de segurança de TI serão significativos a um vasto público.

O CC (*Common Criteria*) define também sete níveis de garantia de segurança. A cada nível, temos um maior rigor nos testes e, portanto, maior garantia de que o sistema atende aos requisitos de segurança.

Esses níveis são denominados EAL (*Evaluation Assurance Level*, ou nível de garantia da avaliação) que pode variar de EAL1 a EAL7. Sendo o nível 7 a mais alta garantia

É possível vislumbrar que atingir o nível 7 de maturidade em Segurança leva tempo e dinheiro. O nível 3 trás uma segurança bastante significativa para a maioria dos sistemas comerciais.

## 09.2 ISO/IEC 27.001 – Sistemas de gestão de segurança da informação (SGSI)

Esta Norma foi preparada para prover um modelo para estabelecer, implementar, operar, monitorar, analisar criticamente, manter e melhorar um Sistema de Gestão de Segurança da Informação (SGSI). A adoção de um SGSI deve ser uma decisão estratégica para uma organização.

A especificação e a implementação do SGSI de uma organização são influenciadas pelas suas necessidades e objetivos, requisitos de segurança, processos empregados e tamanho e estrutura da organização. É esperado que este e os sistemas de apoio mudem com o passar do tempo.

É esperado que a implementação de um SGSI seja escalada conforme as necessidades da organização, por exemplo, uma situação simples requer uma solução de um SGSI simples.

## 09.3 ISO/IEC 27.034 – A tecnologia da informação - Técnicas de segurança - A segurança do aplicativo

ISO / IEC 27034 oferece orientação sobre segurança da informação para aqueles que especificam, projetam, programam, executam e se utilizam dos sistemas de aplicação, em outras palavras, gerentes de negócios e de TI, desenvolvedores, auditores, e usuários finais de TIC.

O objetivo é garantir que as aplicações desenvolvidas pela área de TI entregam o nível desejado ou necessário de segurança em apoio ao Sistema de Gestão de Segurança da Informação da organização, abordando de forma adequada muitos riscos de segurança das TIC. Abrange aplicações de software desenvolvidas internamente, por aquisição externa, outsourcing / offshoring ou por meio de abordagens híbridas.

Esta norma multiparte é orientada a processos e fornece indicações sobre como especificar, projetar, selecionar e implementar controles de segurança da informação por meio de um conjunto de processos integrados ao longo do ciclo de vida do desenvolvimento de sistemas da organização.

Ela aborda todos os aspectos de determinar os requisitos de segurança da informação, para proteger informações acessadas por um aplicativo, bem como prevenir o uso e / ou ações de um aplicativo não autorizado.

A norma está em construção e cada parte trata de um assunto específico. Até o encerramento dessa edição encontramos a seguinte configuração:

ISO/IEC 27034-1:2011 — Information technology — Security techniques — Application security — Overview and concepts
    Tal como acontece nas outras normas ISO multiparte, a primeira parte define o cenário para as demais partes, oferecendo uma introdução geral, conceitos gerais e delineando as restantes partes. Foi publicada em 2011.

    Explicitamente tem uma abordagem de processo para especificar, projetar, desenvolver, testar, implementar e manter as funções e controles de segurança em sistemas de aplicação. Por exemplo, define a segurança do aplicativo não como o estado de segurança de um sistema de aplicação, mas como "um processo de uma organização pode realizar para a aplicação de controles e medições para suas aplicações de forma a gerir o risco de usá-los";

**ISO/IEC 27034-2 - Organization normative framework**
Explica as relações e interdependências entre os processos no Framework Normativo da Organização (ONF), ou seja, um conjunto de políticas relacionadas com a segurança do aplicativo, procedimentos, funções e ferramentas. Ainda é um *draft* e encontra-se em processo de validação com previsão de publicação para 2015.

**ISO/IEC 27034-3 - Application security management process**
A parte 3 descreverá o processo de gerenciamento de segurança de aplicativos, ou seja, "o processo global de gestão de segurança em cada aplicação específica utilizado pela organização". Essa parte ainda está em construção e não tem previsão de publicação.

**ISO/IEC 27034-4 - Application security validation**
Esta parte descreverá um processo de validação e certificação de segurança de aplicativos para avaliar e comparar o "nível de confiança" de um sistema de aplicação conforme os seus requisitos de segurança da informação indicados anteriormente. Essa parte ainda está em construção e não tem previsão de publicação.

**ISO/IEC 27034-5 - Protocols and application security control data structure**
A parte 5 da norma facilitará a implementação da estrutura de segurança e permitirá a criação de bibliotecas de funções de segurança de aplicações reutilizáveis que podem ser compartilhadas dentro e entre organizações. Ainda não tem texto produzido

**ISO/IEC 27034-6 - Security guidance for specific applications**
Parte 6 irá fornecer exemplos de controles de segurança de aplicações (ASC) sob medida para "requisitos de segurança de aplicativos específicos".

**ISO/IEC 27034-7 - Application security assurance prediction**
A parte 7 diz respeito à garantia necessária para colocar a confiança em arranjos de segurança de um programa, por exemplo, quando um programa (ou um aplicativo) se baseia em outro (por exemplo, um sistema de

gerenciamento de banco de dados ou sistema operacional) para realizar funções críticas de segurança (tais como autenticação de usuário, controle de acesso lógico ou criptografia). Texto ainda não produzido.

## 09.4 NIST SP 800-14 – Generally Accepted Principles and Practices for Securing Information Technology Systems

Outra abordagem que pode ser usada para proteger os sistemas de TI é o NIST SP 800-14. Esse documento, expedido pelo *National Institute of standards and Technology (NIST)*, trata de como algumas expectativas intrínsecas devem ser cumpridas independentemente do tamanho e da origem do sistema.

As expectativas intrínsecas são descritas neste documento como princípios de segurança do sistema que são amplamente aceitos. Os princípios abordam a segurança do computador a partir de um ponto de vista de mais alto nível.

Os princípios que devem ser utilizados no desenvolvimento de programas de segurança do computador e à política e criar novos sistemas, práticas ou políticas. Esses princípios são expressos em alto nível, abrangendo grandes áreas como a prestação de contas, relação custo-eficácia e integração.

### Questões para discussão

1. Qual a diferença entre as normas ISO/IEC 15.408 e ISO/IEC 27.034?
2. Faça uma pesquisa no site da ISO e verifique a situação de cada uma das normas citadas nesse capítulo. Como anda a evolução delas?
3. Procure pelo NIST SP 800-14 e descreva pelo menos três expectativas intrínsecas dos sistemas seguros.
4. Qual o papel da ISO/IEC 27.001 em relação a ISO/IEC 27.034?
5. De quais maneiras a ISO/IEC 27.002 auxilia as normas de desenvolvimento de software seguro?

# 10
# SEGURANÇA DO AMBIENTE DE DESENVOLVIMENTO

Como já vimos, não é possível desenvolver uma aplicação segura em um ambiente não seguro. A garantia da segurança no ambiente de desenvolvimento de software depende da criticidade do mesmo. Quanto mais crítico mais controles devem ser relacionados e vice-versa. As garantias em uma fábrica de software devem ser, sem dúvida, muito maiores que em uma empresa de manufatura.

Assim, podemos elencar algumas preocupações que devem estar na mente das pessoas quando tratamos de identificar um ambiente de software seguro:

a. Ambiente de desenvolvimento com controle de acesso

O ambiente de desenvolvimento de software precisa ter controle de acesso para que possamos garantir que somente pessoas relacionadas com essa atividade possam adentrar ao ambiente. Pessoas que não trabalham nessa atividade, como os clientes e fornecedores, estes devem ser atendidos fora do ambiente. Não é incomum vermos reuniões de levantamento de requisitos sendo feitas no mesmo ambiente dos programadores.

b. Segregação de acesso aos códigos fontes

Cada grupo de analistas e programadores deve ter acesso ao conjunto de programas, esquemas, modelos e demais artefatos dos sistemas em que estão envolvidos, ou seja, convém que o acesso aos artefatos dos sistemas seja feito apenas pelo pessoal envolvido naquele projeto de desenvolvimento.

c. Documentação do código fonte

A documentação do código fonte além de uma boa prática de programação é uma medida de segurança da informação, pois possibilita que outras pessoas possam dar manutenção no código em caso de indisponibilidade da aplicação em produção. Uma documentação bem feita vai ajudar a diminuir o tempo de indisponibilidade do sistema em caso de termos algum incidente de segurança no ambiente de produção.

d. Separação entre os ambientes de desenvolvimento, testes, homologação e produção

A segregação de ambientes é uma medida extremamente necessária e auxilia em vários aspectos da segurança da informação. Impede que o desenvolvedor tenha acesso aos dados da produção, que em geral são sigilosos. Diminui a probabilidade de que haja um incidente de segurança em função de falha humana, por exemplo, um programador pode parar o banco de dados para realizar alguma intervenção pensando que está trabalhando no ambiente de desenvolvimento e na verdade está na produção.

A segregação também evita que os dados da produção sejam utilizados indevidamente por pessoas não autorizadas.

e. Proteção lógica dos ambientes

Ainda que não seja possível segregar os ambientes fisicamente, pelo menos logicamente eles devem ser separados utilizando-se, por exemplo, da virtualização e outros recursos tecnológicos.

f. Ambiente de desenvolvimento isolado da internet

O ambiente de desenvolvimento deve ficar isolado da internet e enlace principal de rede interna. Essa medida minimiza o risco de envio de código fonte para destinatário externo não autorizado. Evita ainda, um ataque ao servidor de armazenamento dos fontes e, consequentemente, ajuda na confidencialidade.

g. Controle de versão do código fonte

O código fonte deve estar submetido a um controle de versão para que não tenhamos problemas com perda de código fonte ou mesmo utilização de fonte desatualizada.

h. Utilização de Método Padrão de Desenvolvimento

Uma metodologia de desenvolvimento de software padronizada é importante para todos os desenvolvedores. Ela funciona como mecanismos de comunicação e facilita a continuidade de ações entre os técnicos envolvidos no desenvolvimento do sistema. O uso dessa metodologia de desenvolvimento de software será melhor explorado nos capítulos a seguir.

i. Monitoração do ambiente de desenvolvimento

O ambiente de desenvolvimento de software deve ser monitorado para diminuir a possibilidade de quebra de confidencialidade com vazamento de informações sobre o desenvolvimento de novas soluções e produtos.

j. Gerenciamento de configuração do ambiente de desenvolvimento

O ambiente de desenvolvimento como um todo deve ter sua configuração controlada. A ideia é gerenciar as versões de todas as ferramentas, compiladores, sistema operacional, etc., necessários à execução da codificação de um sistema.

k. Revisão periódica dos acessos

É muito comum encontrarmos analistas e programadores que mudam de sistemas e não têm seus acessos revistos. Isso gera um super desenvolvedor, com acesso a muitos sistemas, que não está mais trabalhando.

Agora, vejamos o que as normas ISO/IEC 15.408 e a ISO/IEC 27.002 dizem sobre segurança no ambiente de desenvolvimento de software.

## 1. Gerência de Configuração

O ambiente de desenvolvimento deve uma gerência de configuração efetiva, pois ajuda a garantir que a integridade do sistema está preservada. A gerência de configuração previne mudanças, acréscimos e exclusões desautorizadas na documentação do sistema. Além disso, ajuda a tornar o processo de desenvolvimento menos suscetível a erros ou negligência humana.

## 2. Distribuição

Para não haver comprometimento do sistema na transição entre o desenvolvimento e produção, deve-se assegurar que a versão disponibilizada para implantação tem os atributos de segurança especificados. As medidas, procedimentos e padrões relacionados à distribuição, instalação e operação segura devem estar de acordo com as especificações.

## 3. Desenvolvimento

As funcionalidades de segurança devem ser representadas, nos vários níveis de abstração, desde o projeto lógico até a implementação de seus produtos finais. A ideia principal é a decomposição das funcionalidades de segurança (descritas na especificação funcional) em subsistemas, da decomposição desses em módulos, do projeto de implementação desses módulos e da demonstração de evidências da correspondência entre todas as camadas de decomposição.

## 4. Documentação

A documentação de ajuda, destinada aos usuários e administradores, é um item importante para a operação segura do sistema. O manual para o administrador envolve orientações destinadas à configuração, manutenção e administração do sistema de forma correta e segura. O manual do usuário descreve as funcionalidades de segurança, instruções e guias para uso seguro do sistema.

## 5. Suporte ao Ciclo de Vida

O modelo de ciclo de vida a ser adotado é importante para que os requisitos funcionais de segurança sejam atingidos. A escolha de um modelo inadequado pode comprometer a segurança do produto final. As normas ISO recomendam modelos aprovados por grupos de especialistas reconhecidos, tais com CMMI, RUP, etc. A adoção de modelo auxilia na garantia de que os aspectos relacionados à segurança sejam tratados adequadamente durante o ciclo de desenvolvimento e manutenção, fazendo assim, com que o produto final conterá as funcionalidades de segurança especificadas.

## 6. Testes de Segurança

Testes de segurança visam garantir que o sistema atende aos requisitos funcionais de segurança. Várias estratégias de testes podem ser implementadas para assegurar que o software está em acordo com suas especificações e seguro. Teste de unidade, teste de integração, teste de sistema, teste de instalação e teste de aceitação são exemplos de técnicas que podem ser utilizadas. Muitas ferramentas CASE (Computer-Aided Software Engineering) oferecem suporte automatizado ao processo de teste

## 7. Avaliação de Vulnerabilidades

Avaliar vulnerabilidades abrange analisar a existência de ameaças passíves de exploração, a possibilidade de um mau uso do sistema ou de sua configuração incorreta, a possibilidade de falha dos mecanismos de segurança se expostos à força e a exploração de quaisquer vulnerabilidades, eventualmente introduzidas durante o desenvolvimento ou operação do sistema.

O uso inapropriado do sistema também é outra preocupação que a avaliação da vulnerabilidade deve identificar. Orientações erradas ou outros tipos de falhas na documentação de ajuda, tanto do administrador quanto do usuário, devem ser identificadas.

## Caso da vida real - 16

Como gerenciar (e proteger) um ambiente de negócios em evolução

*Proteger seus dados costumava ser (mais) fácil. O firewall protegia o perímetro da sua empresa e seus dados ficavam dentro de seus muros*

*Muitos anos atrás o firewall era a chave para proteger e gerenciar o perímetro da sua empresa. Os dados da empresa ficavam dentro de seus muros. Equipes trabalhavam em desktops ou através de drives compartilhados. Eles se comunicavam com terceiros apenas por e-mail e tinham acesso limitado a informação do aplicativo de origem quando absolutamente necessário.*

*"Como as coisas mudaram"*

*Nossas necessidades progrediram consideravelmente através dos anos com a evolução da condução dos negócios em um mundo digital online. A TI tem passado por um período de constantes mudanças, nenhuma mais evidente do que a equipe de segurança. A evolução dos negócios está acelerando – com organizações querendo segurança e produtividade e, com isso, o perímetro tem visto uma grande mudança.*

*Regulamentações e controles têm aumentado significativamente. Informações e serviços são acessados e compartilhados fora do firewall diariamente, muitas vezes, sem segurança e controles apropriados. Com muitos dados da empresa vivendo fora do perímetro hoje em dia - em repositórios de armazenamento e em vários dispositivos – é um ponto-chave que estes dados estejam protegidos.*

***A mudança do perímetro***

*Está claro que os avanços na tecnologia mudaram as fronteiras a que estávamos acostumados. O firewall não provê mais a mesma proteção de antes. E com esta mudança, muitas empresas podem não ter a proteção adequada no*

lugar para assegurar os dados quando estes deixam o perímetro – potencialmente deixando suas informações e compliance em risco.

Muitas organizações têm adotado a nuvem para lidar com as necessidades de seus funcionários de colaborar com parceiros externos. Para gerenciar o acesso aos dados, companhias têm confiado em soluções como o Single Sign-On (SSO), Gerenciamento de Identidade e Acesso (IAM) e Autenticação Multi-fator (MFA). Como tal, alguns analistas compartilham sua visão de que essa identidade é o novo perímetro. Entretanto, controles de identidade têm apenas um certo alcance – especialmente considerando as ameaças que estão lá fora, de hackers, e de que são capazes funcionários descontentes.

**Pense em Edward Snowden.**

Antes dos vazamentos da NSA, Snowden tinha todas as permissões às identidades e acessos à informação, mas ainda assim os dados vazaram – a identidade como perímetro não pode proteger os dados. Considerando isso, a identidade sozinha não é uma solução sólida – ela representa um grande buraco no postura de segurança de uma empresa.

Para se manterem produtivos no ambiente de negócios atual, funcionários precisam da capacidade de acessar o conteúdo de qualquer lugar em qualquer dispositivo – mas tão importante quanto, as empresas precisam de garantias de que sua informação permaneça segura, governada e controlada. Quando muitas pessoas em uma organização precisam de acesso a um determinado documento, a chance de a informação cair nas mãos de pessoas erradas ou de deixarem o perímetro das empresas, são grandes se o controle sobre o documento em si não estiver lá.

Sem esse nível de controle, funcionários podem colocar sua companhia em risco acidentalmente. É hora de proteger o conteúdo – não os usuários, neste novo ambiente de negócios em que trabalhamos, documentos podem fluir livremente e ainda assim permanecerem seguros. A solução é o "plugin free" Information Rights Management (IRM).

*Com a tecnologia incorporada, como dono do conteúdo, você controla quem tem acesso a qual informação e quais ações podem ser tomadas com isso – a segurança fica no conteúdo aonde quer que esteja. Por exemplo, você pode prevenir usuários de editar, salvar ou imprimir um documento. IRM incorpora controles de segurança nos documentos, no próprio arquivo, para proteger o conteúdo, quer esteja parado ou em trânsito – não importando por onde ele viaja – e as permissões podem ser revogadas quando for necessário.*

*Esta camada adicional de proteção mantém o perímetro da empresa protegido, funcionários produtivos, dados em segurança e risco em queda. Ainda mais, você mantém uma auditoria completa para as necessidades de regulamentação. Sim, é o conteúdo que precisa ser protegido, não só os usuários. E graças ao IRM, nós estendemos os controles de segurança atuais no lugar e temos agora a solução empresarial do ambiente de amanhã.*

Fonte:http://computerworld.com.br/como-gerenciar-e-proteger-um-ambiente-de-negocios-em--evolucao

## Questões para discussão

1. Quais as características de ambiente de desenvolvimento seguro?
2. Com base no que foi visto nesse capítulo, como está o ambiente de desenvolvimento da sua organização?
3. Quais ações podem ser realizadas em sua organização para melhorar a segurança do ambiente de desenvolvimento?
4. Analise e discuta com seu grupo como os conceitos trabalhados nesse capítulo auxiliam o caso da vida real apresentado.

# 11

# SEGURANÇA NO CICLO DE VIDA DE DESENVOLVIMENTO DA APLICAÇÃO

As normas ISO recomendam que é imprescindível ter um método de desenvolvimento bem definido, que possua no mínimo as atividades de planejar, acompanhar as tarefas básicas do projeto e definir *milestones* para verificação.

Um método de desenvolvimento de software é um conjunto de atividades e resultados associados, realizadas de forma cíclica em uma unidade produtora de software, e que busca gerar um software com qualidade ou atributos esperados.

Podemos destacar algumas atividades que são comuns a todos os processos de software:

- Especificação do software: etapa onde as funcionalidades do software e as restrições em sua operação devem ser definidas.
- Desenvolvimento do software: etapa do processo onde o software é produzido de forma a atender às suas especificações.
- Validação de software: etapa do processo que deve validar o software, para garantir que ele faça o que o cliente deseja.

Toda organização adota um processo de desenvolvimento de software, mesmo que ele seja empírico. Em muitas empresas esse processo é denominado Metodologia de Desenvolvimento de Software (MDS).

Essa metodologia é usualmente uma coleção de padrões previamente descritos, e que definem um conjunto de atividades, ações, tarefas de trabalho, produtos de trabalho e/ou comportamentos relacionados necessários ao desenvolvimento de software em geral. Dessa forma, a MDS agrega um conjunto distinto de atividades, ações e tarefas, marcos e produtos de trabalho que são necessários para fazer engenharia de software com qualidade.

Software é um componente fundamental na automação dos processos de sistemas de informação e processos da infraestrutura computacional de uma organização. Se esse software falha, seja por causas acidentais, como erros de um operador humano ou erros na programação do software, seja por causas intencionais, como ataques por um hacker, vários são os problemas que podem ser gerados.

Observe que, se excluirmos os incidentes de segurança decorrentes de falhas ou ataques do componente humano no trato da informação, a maioria dos demais incidentes de segurança da informação tem sua origem nas vulnerabilidades dos softwares atuais.

Certamente, um dos principais fatores causadores dessas vulnerabilidades é a codificação ingênua do software por um programador, quando o mesmo considera basicamente os cenários positivos de execução de um código, sem se preocupar com o caso de usuários maliciosos.

A Microsoft usa o acrônimo *STRIDE* para classificar os efeitos que podem ser provocados em decorrência de falhas de segurança em uma aplicação, sendo:

*Spoofing* - falsificação de identidade de um usuário;
*Tampering* - adulteração de integridade da informação ou do sistema;
*Repudiation* - negação de execução de ato previamente cometido por um usuário;
*Information disclosure* - divulgação indevida de informação;
*Denial of servisse* - negação de serviço e
*Elevation of privilegie* - escalação de privilégios indevidos por parte de um usuário.

Dessa forma podemos perceber que a segurança da informação em ambientes tecnológicos também depende da adoção de segurança para o desenvolvimento de software. O problema é que os modelos de processo de softwares desenvolvidos atualmente, por exemplo o Cascata e UP, foram concebidos em um momento histórico e tecnológico onde ainda não havia preocupação generalizada com os vários problemas de segurança decorrentes da exposição das aplicações computacionais às redes abertas.

Podemos perceber que a exposição de uma aplicação à Internet aumenta consideravelmente a possibilidade de ataques e exploração de vulnerabilidades nessa aplicação. Em uma resposta clara a essa situação, os métodos de desenvolvimento de software vêm evoluindo, de forma a incorporar de maneira mais explícita as questões de segurança da informação durante seu desenvolvimento.

A experiência com a segurança de software do mundo real levou a um conjunto de princípios de alto nível para a compilação de um software mais seguro. As definições resumidas desses princípios são:

- Seguro por Design: a arquitetura, o design e a implementação do software devem ser executados de forma a protegê-lo e proteger as informações que ele processa, além de resistir a ataques.

- Seguro por Padrão (Default): na prática, o software não atingirá uma segurança perfeita; portanto, os designers devem considerar a possibilidade de haver falhas de segurança. Para minimizar os danos que ocorrem quando invasores miram nessas falhas restantes, o estado padrão do software deve aumentar a segurança. Por exemplo, o software deve ser executado com o privilégio mínimo necessário, e os serviços e os recursos que não sejam amplamente necessários devem ser desabilitados por padrão ou ficar acessíveis apenas para uma pequena parte dos usuários.

- Seguro na Implantação (Deployment): o software deve conter ferramentas e orientação que ajudem aos usuários finais e/ou administradores a usá-lo com segurança. Além disso, a implantação das atualizações deve ser fácil.

- Comunicações: os desenvolvedores de software devem estar preparados para a descoberta de vulnerabilidades do produto e devem comunicar-se de maneira aberta e responsável com os usuários finais e/ou com os administradores para ajudá-los a tomar medidas de proteção (como instalar patches ou implantar soluções alternativas).

Todos os elementos desses princípios impõem requisitos no processo de desenvolvimento, mas os dois primeiros elementos, seguro por design e seguro por padrão, fornecem as maiores vantagens de segurança. Seguro por design determina os processos que têm por objetivo impedir a introdução de vulnerabilidades em primeiro lugar, enquanto seguro por padrão requer que a exposição padrão do software, sua «superfície de ataque», seja minimizada.

A seguir são apresentados dois dos modelos de processos de desenvolvimento de software seguro mais conhecidos, o SDL da Microsoft e o CLASP, especificado pela OWASP.

## 11.1. SDL - Security Development Lifecycle

O SDL (Security Development Lifecycle) é um processo de desenvolvimento de software com segurança adotado pela Microsoft. Envolve a adição de várias atividades e produtos concentrados na produção de software seguro, utilizadas em cada fase do processo de desenvolvimento de software. Essas atividades e esses produtos incluem aspectos como: Desenvolvimento de modelos de ameaças durante o design do software, uso de ferramentas de verificação de código de análise estática durante a implementação e realização de revisões de código e testes de segurança, entre outros.

Em outras palavras, o SDL envolve a modificação dos processos de uma organização de desenvolvimento de software por meio da integração de medidas que levam a uma segurança de software aprimorada. Este documento resume essas medidas e descreve a maneira como elas se integram em um ciclo de vida típico do desenvolvimento de software. A intenção dessas modificações não é revisar totalmente o processo, mas adicionar pontos de verificação e produtos de segurança bem definidos.

Antes de apresentar o SDL e para compreendê-lo melhor é preciso que apresentemos mais alguns conceitos de segurança aplicados ao desenvolvimento de software.

Superfície de Ataque: a superfície de ataque de um sistema de software é o código, dentro de um sistema computacional, que pode ser executado por usuários não autenticados. Isso inclui, mas não está limitado a campos de entrada de dados de usuários, aos protocolos, às interfaces e aos serviços disponíveis no sistema (http://en.wikipedia.org/wiki/Attack_surface)

Defesa em profundidade é uma estratégia de origem militar, adaptada pela NSA dos EUA ao ambiente de tecnologia da informação, e que visa obter segurança em ambientes altamente integrados com redes de computadores por meio da criação de múltiplas camadas de proteção. Segundo a Wikipédia (http:// en.wikipedia. org/wiki/Defense_in_depth_(computing)), são exemplos de camadas de proteção para obtenção da defesa em profundidade: a segurança física, a autenticação e uso de senhas, o hashing de senhas, antivírus, firewall, zonas de redes de computadores desmilitarizadas (DMZ), sistemas de detecção de intrusão, filtragem de pacotes, VPNs, logs e auditoria, biometria, controle de acesso temporizado e segurança por obscuridade.

O princípio do privilégio mínimo requer que qualquer processo computacional ou entidade ativa que esteja atuando em um espaço tenha acesso apenas aos recursos necessários e suficientes para a realização de sua tarefa e não mais do que isso. O princípio do privilégio mínimo é usualmente implementado através de controle de acessos. (ver mais detalhes em http://en.wikipedia.org/wiki/Principle_of_least_privilege)

O conceito Seguro por Padrão (secure by default) (ver http://en.wikipedia.org/wiki/ Secure_by_ default) recomenda que os projetistas devam sempre considerar a possibilidade de haver falhas de segurança no código que desenvolvem e, para minimizar os danos, caso os invasores acessem essas falhas, o estado default das diversas condições de funcionamento do software deve sempre ser aquele no qual há o estado de maior segurança. Há discussões, no entanto, acerca de que, aspectos da segurança devam ser os mais priorizados: confidencialidade, disponibilidade ou integridade.

O processo de desenvolvimento de software seguro SDL é composto pelas fases de treinamento, requisitos, design, implementação, verificação, lançamento e resposta conforme mostrado na figura a seguir.

Figura 8 – Processo SDL

## 11.1.1 Treinamento de Segurança

O treinamento de segurança envolve aplicação de treinamento básico e avançado aos membros da equipe de desenvolvimento de software, abordando aspectos como princípios, tendências em segurança e privacidade.

De acordo com a Microsoft, os conceitos básicos relativos ao desenvolvimento de aplicações com segurança que devem ser abordados nesses treinamentos são:

- O desenho seguro: abordando a redução da superfície de ataque, a defesa em profundidade, o princípio do privilégio mínimo e os defaults seguros.

- A modelagem de ameaças: consiste na realização da modelagem do software para: analisar como um adversário ou atacante em potencial vê uma aplicação; quais são os ativos de interesse que estão presentes na aplicação e que também poderiam interessar ao atacante; quais os pontos de entrada da aplicação que podem ser atacados; quais caminhos de ataque poderiam ser usados pelo atacante; quais vulnerabilidades poderiam ser exploradas pelo atacante; como mitigar ou solucionar tais vulnerabilidades, e como fazer testes de segurança baseados no perfil de ameaças levantadas nesse modelo.

- A codificação segura: envolve desenvolver a capacidade de construir o código que seja capaz de resistir a ataques como: estouro de buffers, erros de aritmética de inteiros, cross site scripting, SQL Injection, deficiências na criptografia e particularidades específicas da plataforma tecnológica utilizada para desenvolvimento das aplicações.

- Teste de segurança: envolvendo o equilíbrio entre testes funcionais e testes de segurança, realizando testes baseados nos riscos e ameaças às quais a aplicação está sujeita, aplicação de metodologias de teste de software e automatizadores dos testes.

- Questões de privacidade de informações pessoais.

## 11.1.2 Requisitos

A fase de requisitos é a oportunidade para a equipe de um produto considerar como a segurança será integrada no processo de desenvolvimento, identificar os objetivos-chave de segurança e maximizar a segurança de software. Como parte desse processo, a equipe precisa considerar como os recursos de segurança e as medidas de controle de seu software serão integradas com outros softwares que provavelmente serão usados com ele.

A perspectiva geral da equipe de um produto sobre os objetivos, os desafios e os planos de segurança deve refletir nos documentos de planejamento produzidos durante a fase de requisitos. Embora os planos estejam sujeitos a alterações conforme o andamento do projeto, a articulação precoce desses planos ajuda a garantir que nenhum requisito seja desconsiderado ou estabelecido na última hora.

## 11.1.3 Desenho

A fase de design do SDL define a estrutura e os requisitos gerais do software. Tendo como foco a segurança. Os principais elementos da fase de design são:

**Definir as diretivas de design e arquitetura de segurança:** definir a estrutura geral do software identificando os componentes cujo correto funcionamento é fundamental para a segurança. Identificar técnicas de design, como a organização em camadas, o uso de linguagem com rigidez de tipos, a aplicação de privilégios mínimos e a minimização da superfície de ataque, que se aplicam ao software globalmente.

**Documentar os elementos da superfície de ataque do software:** como o software não atingirá uma segurança perfeita é importante que apenas os recursos que serão usados pela maioria dos usuários sejam expostos a todos eles por padrão, e que esses recursos sejam instalados com o nível de privilégio mais baixo possível.

**Realizar a modelagem de ameaças:** realizar a modelagem de ameaças, componente por componente. O processo de modelagem de ameaças identifica as ameaças que podem danificar cada ativo e a probabilidade de acontecerem danos estabelecendo uma estimativa de risco. Identificar as contramedidas que mitigam o risco na forma de recursos de segurança, como a criptografia, ou na forma de funcionamento adequado do software que protege os ativos contra danos. Desta forma a modelagem de ameaças ajuda a identificar as necessidades de recursos de segurança, bem como as áreas em que são, especialmente, necessários testes de segurança e uma revisão cuidadosa do código.

**Definir critérios de fornecimento complementar:** os critérios básicos de fornecimento de segurança devem ser definidos no nível da organização, mas as equipes de produtos individuais podem ter critérios específicos que devem ser atendidos antes do lançamento do software.

## 11.1.4 Construção

Durante a fase de implementação, o código é gerado, testado e integrado com o software. Na implementação é possível remover falhas de segurança ou evitar sua inserção inicial durante. Ela reduz significativamente a probabilidade de que vulnerabilidades de segurança estejam presentes na versão final do software que é distribuída aos clientes.

Os resultados da modelagem de ameaças fornecem uma orientação particularmente importante durante essa fase. Os desenvolvedores dedicam atenção especial em corrigir o código de modo a atenuarem as ameaças de alta prioridade e os testadores concentram seus testes na garantia de que essas ameaças estejam de fato bloqueadas ou atenuadas.

## 11.1.5 Verificação

A fase de verificação é o ponto em que o software está funcionalmente concluído e entra em teste de homologação pelos usuários. Durante essa fase, enquanto o software passa por testes, a equipe de produto realiza um "multirão de segurança" que inclui revisões do código de segurança além das concluídas na fase de implementação, bem como testes de segurança direcionados.

## 11.1.6 Liberação

Durante a fase de liberação é elaborado um plano de ação descrevendo como será a atuação da equipe de tratamento de incidentes de segurança da informação frente a uma eventual descoberta de uma vulnerabilidade de segurança da aplicação ou mesmo na ocorrência de um incidente de segurança.

## 11.1.7 Resposta

Parte do processo de resposta envolve a preparação para avaliar relatórios de vulnerabilidades e lançar orientações e atualizações de segurança quando apropriado. Outro componente do processo de resposta é a condução de um post-mortem das vulnerabilidades relatadas e a adoção de medidas, conforme necessário. O objetivo durante a fase de resposta é aprender a partir dos erros e utilizar as informações fornecidas em relatórios de vulnerabilidade para ajudar a detectar e eliminar mais vulnerabilidades antes que sejam descobertas em produção e utilizadas para colocar os clientes em risco. O processo de resposta também ajuda a equipe de produto e a equipe de segurança a adaptar processos de forma que erros semelhantes não sejam introduzidos no futuro.

## 11.2. CLASP - Comprehensive, Lightweight Application Security Process

Inicialmente desenvolvido pela empresa Secure Software, hoje sob a responsabilidade da OWASP, o CLASP (Comprehensive, Lightweight Application Security Process) é um conjunto de componentes de processo dirigido por atividade e baseado em regras, que articula práticas para construção de software seguro, permitindo o ciclo de vida de desenvolvimento do software de maneira estruturada, com repetição e mensuração.

Em outras palavras, o CLASP é um conjunto de pedaços de processos que pode ser integrado a qualquer processo de desenvolvimento de software. Foi projetado para ser de fácil utilização, tem um enfoque prescritivo, documentando as atividades que as organizações devem realizar, proporcionando uma ampla riqueza de recursos de segurança que facilitam a implementação dessas atividades.

A estrutura do CLASP e as dependências entre os componentes do processo CLASP são organizados em Visões, Recursos e Caso de Uso de Vulnerabilidade.

### 11.2.1 Visões

Um processo de desenvolvimento de software seguro (CLASP) pode ser analisado por meio de perspectivas de alto nível, chamadas Visões. As principais visões são Visão de Conceitos; Visão baseada em Regras; Visão de Avaliação de Atividades; Visão de Implementação de Atividades e Visão de Vulnerabilidade. É possível verificar na figura a seguir cada uma dessas visões e como elas se relacionam.

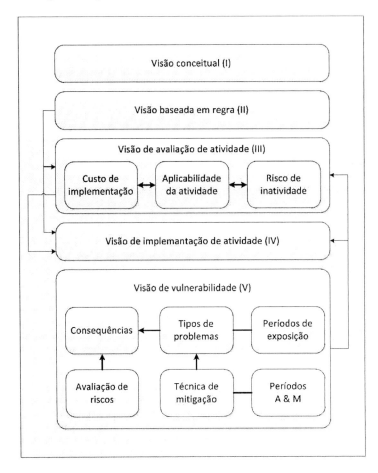

Figura 9 – Visões do CLASP

A Visão Conceitual (I) apresenta uma visão geral de como funciona o processo CLASP e como seus componentes interagem. São introduzidas as melhores práticas, a interação entre o CLASP e as políticas de segurança, alguns conceitos de segurança e os componentes do processo.

A Visão baseada em Regras (II) introduz as responsabilidades básicas de cada membro do projeto (gerente, arquiteto, especificador de requisitos, projetista, implementador, analista de testes e auditor de segurança) relacionando-os com as atividades propostas, assim como a especificação de quais são os requerimentos básicos para cada função.

A Visão de Avaliação de Atividades (III) descreve o propósito de cada atividade, bem como o custo de implementação, a aplicabilidade, o impacto relativo, os riscos em caso de não aplicar a atividade.

A Visão de Implementação (IV) descreve o conteúdo das 24 atividades de segurança definidas pelo CLASP e identifica os responsáveis pela implementação, bem como as atividades relacionadas.

A Visão de Vulnerabilidades (V) possui um catálogo que descreve 104 tipos de vulnerabilidades no desenvolvimento de software, divididas em cinco categorias: Erros de Tipo e Limites de Tamanho; Problemas do Ambiente; Erros de Sincronização e Temporização; Erros de Protocolo e Erros Lógicos em Geral. Nessa atividade também é realizada técnicas de mitigação e avaliação de risco.

Informações mais detalhadas podem ser encontradas no site www.owasp.org

## 11.2.2 Recursos

O processo CLASP suporta planejamento, implementação e desempenho para atividades de desenvolvimento de software relacionado com segurança. Os recursos do CLASP fornecem acesso para os artefatos que são especialmente úteis se seu projeto está usando ferramentas para o processo CLASP. Os recursos CLASP são compostos pelos seguintes artefatos:

1. Princípios Básicos em Segurança de aplicações
2. Exemplo de Princípios Básicos: Validação de Entrada
3. Exemplo de princípios Básicos Violação: Modelo penetração-e-patch
4. Serviços Essenciais de Segurança

5. Planilhas em Guia com Codificação de Exemplo
6. Planilhas de Avaliação de Sistema
7. Mapa de Caminho Exemplo: Projetos Legados
8. Mapa de Caminho Exemplo: Começo de Novo Projeto
9. Criação do Plano de Engenharia de Processo
10. Formação da Equipe de Engenharia de Processo
11. Glossário de Equipe de Segurança

## 11.2.3 Casos de Uso de Vulnerabilidade

Os Casos de Uso de Vulnerabilidade descrevem condições nas quais os serviços de segurança podem se tornar vulneráveis em aplicações de software.

Os Casos de Uso fornecem aos usuários CLASP exemplos específicos, de fácil entendimento, relacionamento de causa e efeito sobre a codificação do programa e seu design, além de possíveis resultados de exploração de vulnerabilidades em serviços de segurança básicos como autorização, autenticação, confidencialidade, disponibilidade, responsabilização e não repúdio.

## Caso da vida real - 17

Coisas importantes que não nos contaram sobre segurança dos aplicativos

*Apesar da ampla penetração dos aplicativos em nossas vidas corporativas e de consumo, a segurança ainda é um conceito bastante emergente.*

*Não faltam conversas sobre a segurança na empresa. À luz de alguns incidentes recentes de hacking de alta visibilidade, todo mundo está falando sobre a importância de proteger as redes, os dados e os dispositivos para evitar o pior cenário possível em relação às informações confidenciais do cliente ou da organização, ou para o caso de o IP ficar comprometido. Curiosamente, essas conversas muitas vezes se esquecem de um elemento essencial: os aplicativos que funcionam nesses sistemas e a forma como suas próprias vulnerabilidades podem derrubar toda a estratégia de segurança das organizações.*

*Apesar da ampla penetração dos aplicativos em nossas vidas corporativas e de consumo, a segurança nativa do aplicativo ainda é um conceito bastante emergente. Não se trata de uma solução que sirva em todos os contextos, e em uma época de tanta "agilidade" os desenvolvedores (internos e externos) estão por vezes priorizando a rápida entrada no mercado em detrimento da tecnologia segura.*

*Então, como vamos resolver essa questão? Pense na segurança dos aplicativos como algo semelhante à construção de uma casa. A integração dos principais serviços básicos de uma casa, como luz elétrica e encanamento, é muito mais fácil durante a fase de construção, quando se faz do zero, e não quando se precisa fazer uma reforma completa para mudar um banheiro para o outro lado da casa. Os mesmos princípios se aplicam na hora de desenvolver aplicativos. A segurança deve estar incorporada nos aplicativos desde o início, e não como um remendo ou como uma ideia que alguém sugeriu na última hora. Quando aplicada à metodologia e à inovação ágeis, é importante que, em cada fase ou iteração, você pergunte: "Como posso violar isso?". Afinal, quanto mais tempo* você entrar nos estágios iterativos, mais difícil e caro será voltar e corrigir algo que não ficou bem desde o início.

Com isso em mente, aqui vão algumas considerações e estratégias importantes para garantir o desenvolvimento e a implantação seguros de aplicativos corporativos.

## 1. Dedique tempo para avaliar o ambiente

Dedicar tempo para definir como é a segurança do aplicativo para você e para sua organização é um primeiro passo natural. Se sua organização estiver desenvolvendo sistemas de controle industrial, por exemplo, você precisa dedicar um pouco mais de tempo e esforço na segurança do que se estivesse construindo aplicativos básicos da Web, como um jogo, que não vão armazenar dados confidenciais ou que permitam a identificação pessoal do cliente.

Eis algumas questões a considerar: quais dados formam o armazenamento do aplicativo? Que tipo de dado está passando por esse aplicativo? Qual é o pior cenário possível para a vulnerabilidade? Em quais tipos de situações isso poderia ocorrer? Por exemplo, se você fosse fazer uma pesquisa e um hacker realizasse um "dump" de memória completo ou atribua privilégios de acesso mais altos, até que ponto isso seria prejudicial? Da mesma forma, se um funcionário deixa um dispositivo móvel em um táxi, a rede exige uma senha VNP para acesso e será que essa senha está no cache do aparelho? Pense para frente e implante a política certa para sua empresa. Questionar quem está acessando um aplicativo, e de quais dispositivos, informará diretamente a abordagem que você adota.

## 2. Estabeleça as bases certas

Ao codificar para proteger um aplicativo, a chave é fazer isso desde o início. Embora possa parecer uma precaução excessiva no momento, está provado que, ao "negar por padrão" tudo durante todo o processo de design, o aplicativo estará fechado e bloqueado o suficiente. Ao atribuir as permissões quando e como são necessárias, ficará muito mais fácil identificar a fonte da vulnerabilidade se e quando ela ocorrer.

Da perspectiva do projeto, embora a interface e a experiência do usuário sejam considerações importantes na evolução de qualquer aplicativo, elas também são intrínsecas à segurança. O objetivo deve ser sempre remover a carga de responsabilidade do usuário final. Por quê? Porque se pessoalmente é necessário fazer uma escolha entre segurança e conveniência, como regra eles vão acabar recorrendo à conveniência – uma decisão que é quase sempre a errada para uma organização. Nesses cenários em que você é forçado a comprometer a conveniência em nome da segurança, ou seja, fazendo com que os usuários insiram uma senha VPN todas as vezes que usam um aplicativo, certifique-se de que eles entendam claramente a lógica por trás dessa decisão.

3. Planeje-se para as contingências

Você pode ter todas as políticas que desejar, mas, se não tiver um plano para apresentar essas políticas, ou se ninguém as entender (e se você não estiver educando os testadores, desenvolvedores ou programadores), você vai colocar em risco a organização. Planejar-se para o desastre é essencial, e parte desse planejamento significa assumir a pressuposição de que alguém está sempre observando sua rede, sua infraestrutura e o que passa por ela, interna ou externamente.

Muitos poderiam perguntar por que vale a pena investir em segurança nativa do aplicativo, quando a alternativa mais lógica talvez fosse proteger a infraestrutura básica e as plataformas compartilhadas. A resposta é a seguinte: se você estiver executando aplicativos na infraestrutura compartilhada, você tem que assumir que essas plataformas não sejam seguras, e que a possibilidade de ocorrer vazamento de dados seja muito real. Pense, por exemplo, nas revelações de Snowden: os dados que supostamente só estavam viajando pelos centros de dados, na verdade, estavam sendo vigiados e coletados.

*A maioria das organizações não criptografa as comunicações internas, e as revelações de Snowden mostram que, para manter a segurança, é melhor partir do pressuposto de que sua infraestrutura está aberta. Suponhamos que o usuário esteja em uma rede não confiável, e projete e implante aplicativos com isso em mente. Para os desenvolvedores que trabalham junto com uma equipe interna de infraestrutura de TI ou com um provedor de nuvem, entender quais são suas políticas, com que frequência eles as atualizam e validam, e se usam ou não auditores, são elementos importantíssimos para adotar uma abordagem de defesa em camadas para a segurança do aplicativo. Seu aplicativo pode ser seguro, mas as informações que transportam ou a plataforma na qual está instalado podem não ser; portanto, faz-se necessária uma estratégia multifacetada.*

*Igualmente importante é avaliar o que você sabe e o que você não sabe sobre o histórico de segurança de um fornecedor. Qual é o tempo de resposta dele se um cliente ou ele próprio perceberem uma vulnerabilidade? Quais experiências ele já teve? O fornecedor deve ter sua própria política implantada e ter provas de que ela funciona.*

*Uma política vigorosa de segurança de aplicativos corporativos exige três coisas fundamentais: 1) Um ponto de contato claro para os funcionários da organização, transparência no SLA que determina a rapidez com que um fornecedor e o departamento de TI podem responder; 2) Uma estratégia clara de mitigação se o fornecedor não conseguir responder de forma rápida; e 3) finalmente, linhas abertas de comunicação: o fornecedor deve alertá-lo se for encontrada uma vulnerabilidade, e não o contrário. Implantando esses processos, junto com uma abordagem "de baixo para cima" para a segurança do aplicativo, o projeto e a implantação significam que estamos no caminho certo para o desenvolvimento de aplicativos seguros e protegidos. Neste mundo, os vazamentos de dados serão a exceção, e não a regra.*

*Fonte:http://computerworld.com.br/coisas-importantes-que-nao-nos-contaram-sobre-seguranca-dos-aplicativos*

## Questões para discussão

1. Quais as características de um Processo de Desenvolvimento Seguro?
2. Com base no que foi visto nesse capítulo, como está o processo de desenvolvimento da sua organização? Ele pode ser considerado seguro?
3. Quais ações podem ser realizadas em sua organização para melhorar a Metodologia de Desenvolvimento de Software?
4. Escolha e analise um Método Ágil de Desenvolvimento de Software evidenciando suas fragilidades em relação à segurança da informação.

# 12

# PRÁTICAS SEGURAS DE CODIFICAÇÃO DE SOFTWARE

## 12.1 Boas Práticas de Programação

Alguns cuidados precisam ser levados em consideração para garantir a segurança de um sistema. As boas práticas de programação, mesmo sem se considerar a segurança em si, garantem um código mais robusto, confiável e, consequentemente, seguro. Código seguro é aquele que é escrito para suportar os atacantes maliciosos. O código seguro é também código robusto.

Produzir código seguro muitas vezes gera uma queda de desempenho. Entretanto, é preferível compensar esta perda com equipamentos mais poderosos e velozes, a deixar a aplicação totalmente exposta.

A seguir, compilamos algumas recomendações importantes dadas por vários autores. Não pretendemos encerrar a questão, portanto, as formas de implementar segurança no código não se limitam apenas a elas.

### 12.1.1. Criar funções intrinsecamente seguras

Todas as funções devem verificar os dados de entrada para impedir perda de controle do sistema, falhas gerais de proteção ou outros tipos de falhas. A maior preocupação neste caso é evitar o estouro de *buffer* (*buffer overflow*).

## 12.1.2. Usar funções intrinsecamente seguras

Um exemplo de função intrinsecamente insegura é a *strcpy* (em C e C++ copia uma *string*). A função funciona recebendo dois ponteiros como parâmetros e copia todo o conteúdo, de um para o outro, até encontrar 0. Caso isso não ocorra, podemos rejeitar o comando ou conteúdo.

## 12.1.3. Testar o retorno de funções

Sempre que se chamar uma função, seu retorno precisa ser verificado. Se uma parte do dado for possivelmente suspeita, melhor seria apostar em uma perspectiva de segurança e assumir que usar esse dado traria consequências graves.

## 12.1.4. Documentar funções corretamente

A correta documentação da função evita mal entendidos a respeito da interpretação e do uso da mesma.

## 12.1.5. Tratar as entradas de dados

Todo dado informado, seja pelo usuário ou outro sistema, deve ser tratado adequadamente, mesmo que se acredite que todas as funções são intrinsecamente seguras. Um cuidado a se ter é com relação a caracteres especiais. Identificar caracter malicioso permite, principalmente, evitar ataques como *SQL Injection*.

## 12.1.6. Ter uma política de versão consistente

Uma política de versionamento de código consistente, seja por uma gerência de configuração ou simplesmente backup, facilita a identificação de problemas e, assim, a melhoria contínua do produto.

## 12.1.7. Usar componentes e bibliotecas confiáveis

Toda segurança e cuidado incluído no código pode ser comprometida com o uso de bibliotecas ou sistemas auxiliares não confiáveis. Deve-se assegurar, por meio de testes de segurança, que as bibliotecas utilizadas não comprometem a segurança do sistema.

### 12.1.8. Evitar informações sensíveis em arquivos temporários

Pelo caráter de ser temporário, provavelmente o arquivo não foi objeto de cuidados pertinentes à segurança. Assim, deve-se evitar que informações sigilosas tornem-se vulneráveis restringindo seu uso em arquivos dessa natureza.

### 12.1.9. Não armazenar senhas e chaves criptográficas no código

Senhas e chaves criptográficas em códigos podem ser reveladas por meio de engenharia reversa. O armazenamento de chaves criptográficas deve ser alvo de análise criteriosa, assim como os algoritmos empregados.

### 12.1.10. Operar com o privilégio necessário

As aplicações devem ser executadas com o privilégio requerido para desempenhar suas tarefas. Qualquer falha séria, como estouro de *buffer*, comprometeria menos o ambiente se a aplicação operasse com poucos privilégios.

### 12.1.11. Tratar todas as entradas do sistema como não seguras

Na entrada de dados do sistema, seja por meio de digitação direta de dados pelo usuário, seja pelo recebimento de dados de outro sistema, estes devem passar por uma verificação de integridade e consistência. Não é suficiente garantir apenas que todas as funções internas são intrinsecamente seguras, ainda existe a necessidade de tratar de forma adequada os controles de acesso e tipo de armazenagem interna, sempre que os dados estiverem sendo inseridos.

A seguir, ilustramos outros lugares onde você pode encontrar mais informações e dicas sobre boas práticas de desenvolvimento de código seguro.

## 12.2 Codificação segura segundo a Microsoft

No âmbito do SDL a Microsoft oferece várias ferramentas gratuitas para apoio à codificação segura em sua plataforma, bem como outras que suportam fases anteriores e posteriores do ciclo de desenvolvimento. Algumas dessas ferramentas são:

- Threat Modeling Tool, ferramenta usada no desenho de arquiteturas seguras, independente de plataforma, e com interface amena ao uso por leigos;
- Code Analysis for C/C++, usada para análise estática de código nas linguagens C e C++;
- Microsoft Code Analysis Tool .NET, para analisar aplicações web do framework .NET e detectar possíveis vulnerabilidades a ataques de injeção e XSS, entre outros;
- Biblioteca anti-XSS, para evitar ataques de Cross-Site Scripting.

## 12.3 Codificação segura no CERT

O CERT *Secure Coding Initiative* é uma iniciativa da universidade de Carnegie Mellon financiada pelo governo dos EUA, que define, dentre outros aspectos:

- padrões de codificação segura para as linguagens C, C++ e Java;
- padrões internacionais para codificação segura;
- laboratório para avaliação de conformidade em codificação segura;
- ferramentas de software que realizam análise estática de código; e
- processo de desenvolvimento de software seguro TSP-C.

A missão do CERT é trabalhar para a redução do número de vulnerabilidades a um nível que pode ser totalmente mitigado em ambientes operacionais. Esta redução será conseguida por meio da prevenção de erros de codificação ou descoberta e eliminação de falhas de segurança durante a implementação e testes.

A iniciativa do CERT tem sido extremamente bem sucedida no desenvolvimento de padrões de codificações seguras, que têm sido adotadas em níveis corporativos de empresas como Cisco e Oracle. Veja mais detalhes em http://www.cert.org/secure-coding/

## 12.4 Codificação segura no OWASP

O OWASP (www.owsap.org) oferece, além do arcabouço de processo CLASP já apresentado, uma série de informações e ferramentas em temas como:

- Princípios de codificação segura;
- Bibliotecas de programação segura, envolvendo aspectos como validação de HTML e CSS em várias linguagens de programação;
- Guia de revisão de código para identificar vulnerabilidades de estouro de buffers, injeção de código (SQL, XPATH e LDAP), validação de dados, cross-site scripting, cross-site request forgery, logging issues, integridade de sessões e condições de corrida (race conditions);
- Melhores práticas de codificação segura e guias em linguagens e plataformas .NET, Ruby on Rails, Java, ASP, PHP, C, C++, MySQL, Flash, Ajax e Web Services;
- Exemplos de como relatar vulnerabilidades encontradas;
- Guia de teste de software para segurança;

## 12.5 Algumas recomendações para construção de código seguro

Listamos a seguir algumas das principais falhas de segurança encontradas nas aplicações que funcionam na internet e também algumas dicas para a melhoria da segurança

### 12.5.1 SQL *Injection*

Neste ataque o objetivo é consultar, inserir, remover ou alterar os dados do banco de dados. Para isso, o atacante insere comandos SQL nos parâmetros de entrada da aplicação, para que sejam concatenados com o código SQL original, e assim, executar outro comando SQL.

O atacante, geralmente, utiliza formulários que não realizam tratamento na entrada de dados dos usuários para injetar SQL no código da aplicação. Veja no exemplo abaixo como funciona a injeção de SQL.

Select * From Usuario Where login='"& login &"' And senha = '"& senha &"'";

O atacante insere para os campos *login* e senha os seguintes valores respectivamente, "` or 1=1 --" e "abc", resultando o seguinte comando:

Select * From Usuario Where login='' or 1=1 -- ' And senha = '123';

Esse novo comando, fará a aplicação executar uma consulta SQL que retornará um conjunto com todos os usuários do sistema (a expressão "or 1=1" torna o comando verdadeiro e a expressão "--" comenta o restante do código). Como vários sistemas de autenticação utilizam apenas o primeiro usuário da lista retornada, que frequentemente é um administrador do sistema, o atacante então seria autenticado no sistema com as credenciais deste usuário.

A recomendação para evitar esse problema é a realização de validação de todos os dados de entrada, principalmente no lado do servidor, a fim de evitar a utilização de caracteres maliciosos. A validação de dados realizada somente no lado do cliente pode ser facilmente evitada copiando a página e removendo o código de validação, geralmente construído em *javascript*.

Uma melhor prática de validação a ser implementada é a de permitir somente caracteres previamente selecionados e negando todo o resto das entradas, usando, por exemplo, expressões regulares.

O uso de *Stored Procedures* nos comandos SQL também é recomendado. Nesse caso o objetivo é impedir que os dados de entrada afetem a sintaxe do comando SQL, separando a lógica do código dos dados informados. Além de aumentar a segurança, a aplicação ainda é beneficiada com um aumento no desempenho do comando a ser executado.

## 12.5.2 Cross Site Scripting

Este tipo de ataque, também conhecido como XSS, ocorre quando um atacante utiliza uma aplicação na internet para enviar código malicioso que será acionado posteriormente por uma ação de um usuário regular. O código malicioso quase sempre está na forma de script. Esse ataque é bastante comum e ocorre em qualquer aplicação web que utilize a entrada do usuário, sem validação, na saída gerada pela aplicação.

O ataque mais comum utilizando esta vulnerabilidade é a descoberta do cookie de sessão do usuário, permitindo ao atacante sequestrar a sessão e ter o controle total de sua conta. Outros ataques incluem a divulgação de arquivos de usuários, a instalação de cavalos de troia, o redirecionamento do usuário para outra página ou site e a modificação do conteúdo de páginas.

Para prevenir esta vulnerabilidade nas aplicações deve ser feita a confirmação de que o conteúdo de páginas dinamicamente geradas não contenha scripts indesejados. Isso pode ser feito filtrando toda a entrada do usuário na aplicação (cookies, urls e dados transmitidos via POST e GET). Além disso, é interessante também filtrar a saída do servidor web para o usuário, pois um atacante poderia inserir um script hostil diretamente no banco de dados ou em um momento em que a aplicação não possuía filtragem dos dados. Em outras palavras, qualquer dado persistente que seja transmitido entre o navegador e o servidor web deve ser filtrado.

## 12.5.3 Ataques a sistemas de autenticação

Para garantir a confidencialidade das informações nos sistemas de informação, várias aplicações implementam um controle de autenticação, obrigando o usuário a informar *login*/senha válidos para acessá-lo. A questão é que, frequentemente os desenvolvedores dos sistemas exibem informações de erros detalhadas, na tentativa de ajudar os usuários, por exemplo, 'Usuário não cadastrado' ou 'Senha inválida'. Acontece que essas mensagens são exploradas gerando os seguintes problemas ou fragilidades:

- **Enumeração de *logins* válidos**: Nesta técnica vários usuários válidos do sistema poderão ser listados, facilitando o ataque de dicionário ou de força bruta. Isso é possível devido à mensagem de erro informar se determinado usuário existe ou não no sistema.

- **Ataque de dicionário**: Esta técnica utiliza a política da tentativa e erro baseado num dicionário de palavras, na qual o atacante poderá utilizar este conjunto de palavras nos campos de *login* e senha a fim de se autenticar no sistema. Com a descoberta de *logins* válidos (item anterior), o processo de descoberta da senha reduz-se drasticamente.

- **Ataque de força bruta**: Esta outra técnica baseia-se na mesma ideia do ataque de dicionário, mas ao invés de utilizar um dicionário de palavras, utiliza todas as possibilidades de formações de palavras, elevando muito o tempo de descoberta de pares de usuário/senha válidos. Da mesma forma que o item anterior, caso o atacante possua *logins* válidos o tempo gasto neste processo de autenticação será reduzido consideravelmente.

O primeiro passo é evitar mensagens de erros detalhadas. As mensagens de erros devem ser específicas o suficiente para informar o problema ao usuário, e restritas o máximo para não disponibilizar informações que facilitem o ataque de pessoas mal intencionadas. Para que sejam evitados ataques de dicionário ou de força bruta, pode-se utilizar um controle de *logins* mal sucedidos, estipulando-se um limite na quantidade de erros de *login*, bloqueando o usuário por um período de tempo.

Outra possibilidade é utilizar um mecanismo para geração de testes com a finalidade de verificar se o usuário é uma pessoa ou um sistema, na qual geralmente são utilizadas imagens contendo letras e números e um campo onde o usuário informa o conteúdo da imagem conhecido como CAPTCHA.

### 12.5.4 Sequestro de sessões

Para garantir um controle de autenticação dos usuários na aplicação, é comum os sistemas web utilizarem cookies para guardar o identificador único do usuário, evitando assim, que o usuário informe as suas credenciais a cada solicitação enviada ao servidor. Por exemplo, quando um usuário se autentica em uma aplicação web, o sistema valida seu *login* e senha e associa um cookie ao usuário solicitante. Quando o usuário solicita outra página, ao invés de informar novamente o *login* e senha, o servidor captura o cookie e verifica qual usuário possui o identificador informado, carregando a página solicitada no caso do identificador estar associado a um usuário ou negando o acesso em caso contrário.

O ataque surge quando captura-se o cookie de outro usuário. Então, torna-se possível acessar a aplicação e se passar pelo usuário que está associado ao cookie capturado. Isso pode acontecer por meio de outros ataques que consigam capturar o cookie, como Cross Site Scripting, caso a comunicação dos dados não seja criptografada, ou seja, caso seja utilizado HTTP ao invés de HTTPS (HTTP sobre SSL) ou mesmo se o cookie estiver armazenado no cache do navegador.

Apesar de o uso de HTTPS garantir a criptografia dos dados transmitidos entre o cliente e o servidor, ainda é possível capturar o cookie dos usuários através de outro ataque, neste caso, o Cross Site Scripting.

Para a eliminação dessa vulnerabilidade o simples uso da HTTPS já diminui consideravelmente o risco de ocorrer um sequestro de sessão. Além disso, a utilização de um valor pequeno para o tempo de expiração do cookie, evita utilizar cookies persistentes (impedindo assim que um atacante o roube) caso tenha acesso físico ao computador do usuário e separar os cookies de autenticação dos cookies de personalização (utilizados para armazenar as preferências dos usuários).

## 12.5.5 Visualização de arquivos indevidos

Algumas aplicações mantêm arquivos em locais impróprios ou mantêm arquivos que não deveriam estar na aplicação. Por exemplo: arquivos de configuração e informações sigilosas, arquivos com senhas (da aplicação ou do banco de dados), arquivos com o código-fonte acessível. Em todos os casos a divulgação destas informações pela aplicação pode torná-la suscetível a outros ataques ou permitir que dados confidenciais sejam disponibilizados.

A solução é simples, basta mover os arquivos de configuração, de backup e sigilosos para uma pasta que não seja acessível pela web e implementar na aplicação um controle de acesso aos arquivos sigilosos. Caso a disponibilização de arquivos sigilosos seja necessária, recomenda-se que a própria aplicação ofereça essa funcionalidade, respeitando a autenticação e a autorização do usuário solicitante. Os demais tipos de arquivos, configuração e backup, não devem ser acessados via web.

### 12.5.6 Execução de comandos no Sistema Operacional

Esta técnica de ataque consiste na execução de comandos do sistema operacional por meio de manipulação nas entradas de dados da aplicação. Isso é possível quando a aplicação não valida adequadamente a entrada de dados do usuário antes de usá-la no sistema. Dessa forma, todos os comandos executarão com as mesmas permissões do serviço que executou o comando, seja ele o servidor web, o banco de dados, etc.

Algumas aplicações web incluem parâmetros informando um arquivo que será exibido para o usuário. Caso não seja feita a validação de entrada informada pelo usuário, um atacante pode modificar o valor do parâmetro executando um comando do sistema operacional.

Por exemplo: imagine que uma aplicação possui uma página para exibição de arquivos solicitados pelo usuário, de modo que o nome do arquivo é informado no parâmetro arquivo da url. O incidente de segurança se dá quando o atacante troca o valor dessa variável por um código malicioso, conforme segue.

    Comando original:
    *http://sistema1/exemplo.php?id=21&arquivo=mapa.pdf*
    Comando alterado:
    *http://sistema1/exemplo.php?id=21&arquivo=; rm –r \**

Alterando-se o valor para "; rm –r *", o atacante consegue remover todos os arquivos e diretórios do diretório corrente e abaixo dele.

Como estas funções podem oferecer falhas críticas à infraestrutura da empresa, recomenda-se que todos os dados oriundos do usuário e utilizados como parâmetro nestas funções sejam validados antes de serem executados.

Utilize, sempre que possível, chamadas às bibliotecas ao invés de processos externos com a finalidade de recriar a funcionalidade desejada. Além disso, certifique-se que a aplicação é executada com o mínimo de privilégios possível para funcionar corretamente, a fim de restringir o efeito da execução de códigos maliciosos.

Caso a aplicação não faça uso de tais funções e caso seja possível, é recomendado o bloqueio da execução das chamadas de sistema por meio da configuração do servidor web.

## 12.5.7 Elevação de privilégios

Nesta vulnerabilidade, o propósito é adquirir mais permissões que o atribuído ao usuário do sistema. Para evitar que usuários indevidos acessem recursos das aplicações web, estas comumente utilizam um controle de autorização para saber se determinado usuário possui permissão de acesso ao recurso solicitado.

Esta vulnerabilidade pode ser encontrada em aplicações web que realizam esse controle apenas por meio de menus dinamicamente criados, específicos para cada grupo de usuários, não verificando a requisição no lado do servidor, permitindo, assim, que o atacante acesse uma página, proibida para ele, bastando apenas informar o endereço diretamente na barra de endereços.

Todo controle deve ser validado, no mínimo, no lado do servidor, podendo também ser validado no lado do cliente, para efeito de apresentação e otimização da aplicação. Qualquer recurso protegido do sistema só poderá ser acessado por meio de usuários devidamente autenticados e autorizados.

Portanto, revise o código da aplicação e verifique se todos os recursos protegidos possuem tal controle implementado. Utilize ainda o conceito do privilégio mínimo, para executar os processos que mantêm a aplicação.

### 12.5.8 Utilização do protocolo HTTPS

O protocolo HTTP não oferece grau algum de segurança para a comunicação de dados. Com a ampliação da internet e devido à necessidade de tráfego de dados seguros, foi implementado HTTPS para prover vários serviços de segurança para as aplicações e usuários das mesmas. Os principais serviços oferecidos são: confidencialidade da informação entre o servidor e o cliente através da criptografia e a autenticação do servidor para o cliente por meio de certificados digitais.

### 12.5.9 Política de senhas

Um dos elos fracos de qualquer aplicação que necessite de autenticação é a senha. Vários usuários utilizam senhas fracas, possibilitando que um ataque de força bruta descubra um par de login / senha válido. Para contornar esse problema, recomenda-se que o sistema implemente uma política de senhas, impedindo que senhas fracas sejam admitidas. Como exemplo, pode-se requisitar que o usuário informe uma senha com no mínimo 8 caracteres, utilizando letras maiúsculas, minúsculas, símbolos e números, sendo trocada periodicamente.

### 12.5.10 Upload de arquivos

Vários sistemas permitem aos seus usuários enviar arquivos para a aplicação com diversas finalidades, dentre elas a centralização de documentos no sistema, a inclusão de arquivos no e-mail, o armazenamento remoto de arquivos, etc. Apesar dos benefícios, esta funcionalidade geralmente apresenta algumas vulnerabilidades sérias ao sistema.

O principal ponto a ser verificado é a extensão do arquivo enviado ao servidor. A abordagem normalmente utilizada é permitir somente as extensões previamente selecionadas e negar todas as demais extensões. Ainda é recomendado utilizar uma partição específica para o armazenamento dos arquivos enviados, que seja diferente da partição do sistema operacional e do servidor web, com isso evita-se a falta de espaço para os arquivos do sistema operacional e o acesso direto aos arquivos pela web, respectivamente.

Para completar, caso o sistema permita, especifique uma quota de tamanho total por usuário para o envio de arquivos, impossibilitando que usuários mal intencionados acabem todo o espaço da partição destinado para o upload.

## 12.5.11 Privilégios mínimos no Banco de dados

Nos dias de hoje, várias aplicações estabelecem uma conexão com um banco de dados e por consequência requerem um usuário e senha para acessá-lo. Normalmente, esses usuários são administrativos, permitindo que operações não necessárias à aplicação possam ser executadas.

Como boa prática de segurança, recomenda-se utilizar um usuário de banco de dados específico para a aplicação, com o mínimo de privilégios necessários para rodar o sistema completamente, impedindo dessa forma que funções desnecessárias possam ser executadas na base de dados da aplicação ou até mesmo que outras bases de dados possam ser afetadas, nos casos em que o atacante consiga ter acesso às credenciais do banco de dados ou consiga injetar comandos SQL.

## 12.5.12 Criptografia das senhas

Este item refere-se às senhas armazenadas nos bancos de dados utilizadas em sistemas de autenticação da aplicação. O problema principal da guarda de senhas em texto plano é a possibilidade de alguém utilizá-las indevidamente na aplicação em questão ou em outras aplicações, nos casos de usuários que possuem a mesma senha em diversos sistemas.

Por isso, recomenda-se utilizar um algoritmo de *hash* de acesso público, amplamente utilizado e testado, a fim de garantir uma maior segurança às senhas da aplicação. Para isso, podem ser utilizados alguns algoritmos de amplo reconhecimento e disponíveis em várias linguagens de programação, que podem ser utilizados para alcançar essa necessidade. Dentre tais algoritmos, pode-se listar: RIPEMD-160, SHA256, SHA384 e SHA512, ordenados pelo grau de segurança, do menor para o maior. Os algoritmos MD5 e SHA1 não devem ser utilizados, pois já são conhecidos de todos os mecanismos de quebra dos mesmos.

### 12.5.13 Campos hidden no código HTML

Algumas aplicações utilizam campos escondidos no código HTML para controle interno da aplicação, seja para armazenar uma opção do usuário ou até para definir o nível de acesso do usuário. Independente da finalidade pretendida pelo campo, uma pessoa mal intencionada poderia modificar o valor deste parâmetro facilmente, permitindo assim situações desastrosas. Para evitar essa situação, verifique o objetivo destas variáveis "escondidas" e tenha certeza de que caso sejam modificadas não afetarão a segurança da aplicação.

### 12.5.14 Atualização de softwares

A atualização dos softwares que oferecem o suporte à aplicação é tão importante para a segurança da aplicação, do servidor e da rede quanto às demais recomendações apresentadas neste documento. Dessa forma, verifique por atualizações no site do desenvolvedor dos softwares utilizados pela sua aplicação para evitar que vulnerabilidades alheias à sua aplicação sejam utilizadas.

### 12.5.15 Configuração de softwares

Manter os softwares atualizados não basta. A configuração correta é essencial para evitar problemas futuros. Um dos erros cometidos com frequência é a utilização da mesma configuração do ambiente de desenvolvimento para o ambiente de produção.

Determinadas configurações são próprias para cada ambiente, por exemplo, a ativação de debug. Esta opção só deve estar habilitada no ambiente de desenvolvimento, para efeito de manutenção da aplicação, evitando-se que possíveis informações sensíveis sobre a estrutura do aplicativo sejam divulgadas.

12 PRÁTICAS SEGURAS DE CODIFICAÇÃO DE SOFTWARE • 139

Diversos aplicativos fornecem uma senha padrão para administração e testes. Um dos primeiros passos da configuração do software é modificar a senha inicial ou padrão.

## Caso da vida real - 18

Crawler do Google é enganado para realizar ataques de injeção SQL

*A injeção de SQL é uma técnica usada para explorar aplicações Web mal escritas. Aplicações usualmente usam parâmetros embutidos nas URLs, como em* **site.com/noticias?n=10019**, *na qual o número* **10019** *seria usado dentro de uma consulta SQL, linguagem utilizada para se realizar consultas a banco de dados, afim de usar tais dados como conteúdo de uma página dinâmica. Pode-se subverter facilmente esse valor de modo que apareça para o banco de dados algo totalmente diferente do pretendido originalmente.*

*Aplicações bem escritas ficam de modo que tais parâmetros nunca possam ser interpretados como comandos SQL usuais. Aplicações mal escritas, que são, infelizmente, abundantes, não têm esse cuidado. Isso permite aos atacantes enganarem a aplicação para executar comandos SQL da escolha deles. Isto pode comprometer sistemas inteiros, já que o agressor pode potencialmente destruir todo o banco de dados da aplicação ou fazer consultas arbitrárias aos dados existentes, tais como a base de senha dos usuários.*

*Recentemente,* **Daniel Cid***, desenvolvedor de um sistema de firewall/Proxy nas nuvens, foi surpreendido pela descoberta de que seu produto estava bloqueando requisições de endereços IP do Google. Isto é incomum, porque poucos sites querem bloquear os crawlers do Google. Cid e seus colegas tinham garantido que seus produtos não bloqueariam o Google com as configurações padrões.* **Crawlers** *são programas que vasculham a internet, seguindo todos os links que encontram, a procura de novos sites para alimentar a base de dados de motores de busca, que são muito importantes como um método de divulgação de qualquer site.*

*O endereço IP do Google foi determinado como sendo legítimo, o tráfego era realmente do crawler do Google. Ele foi bloqueado porque pareceu ser malicioso, como se fosse uma tentativa de injeção SQL. Um exame mais profundo nos logs do firewall relevaram outras requisições similares do IP do Google também sendo bloqueadas.*

*O ataque em questão funciona de modo devastadoramente simples. Imagine que há um site em que se deseja realizar um ataque de injeção SQL. Você constrói todas as suas URLs maliciosas para o site alvo e as coloca numa página que você controla. O crawler do Google tenta seguir todos os links de sua página e ele próprio acabará realizando o ataque por você.*

*Mesmo não conseguindo ver a resposta do ataque, o que limita a possibilidade de se obter informações do alvo, a técnica é difícil de se parar já que não é desejável rejeitar as requisições do crawler do Google. Única solução viável continua sendo se proteger de ataques de injeção SQL.*

*Acontece frequentemente, no campo da segurança, casos em que se enganam os crawlers para conduzir ataques como esse. Em 2001,* **Michal Zalewski** *escreveu um artigo que descrevia uma técnica que usava essa ideia para encobrir os rastros do real atacante, tornando difícil a identificação. O pesquisador* **pbr90x** *da área diz já ter reportado tais problemas para a Microsoft e o Google, na qual a Microsoft afirma ter feito algumas mudanças no crawler (não especificaram quais), porém a Google afirma que seu software funciona como pretendido.*

Fonte :http://gris.dcc.ufrj.br/news/crawler-do-google-e-enganado-para-realizar-ataques-de-injecao-sql

## Questões para discussão

1. Cite alguns exemplos de ataques a sistemas de autenticação.
2. Que ações podem ser adotadas para evitar ataques do tipo *SQL Injection*?
3. Com base no que foi estudado nesse capítulo, elabore outra definição para o conceito código seguro.
4. Quais das recomendações estudadas nesse capítulo são seguidas em sua organização?

# 13

# OUTROS ASPECTOS DA SEGURANÇA DA APLICAÇÃO

Como vimos nos capítulos anteriores, a segurança de um sistema de informações depende do ambiente onde a aplicação está sendo desenvolvida, do uso de um processo de desenvolvimento de software seguro e da aplicação de melhores práticas na codificação.

Além desses pontos, precisamos levar em consideração algumas outras questões que são igualmente relevantes para a construção de aplicações mais seguras.

## 13.1 Proteção dos dados do usuário

Um sistema seguro precisa se preocupar com a proteção dos dados de seus usuários. A questão aqui é construir mecanismos capazes de segregar os usuários de forma que um não possa ter acesso aos dados do outro. Por exemplo, um sistema de controle de vendas não deve permitir que um vendedor tenha acesso aos dados de vendas ou clientes de outro vendedor. Proteger os dados do usuário também está relacionado com perfis de acesso ou utilização de transações adequadas à sua atividade. Muitas vezes os gerentes possuem funções diferentes de sua equipe e por isso precisa ter seus dados protegidos pelo sistema.

## 13.2 Geração de evidências para auditoria

Nesse ponto estamos querendo tratar de adotar os sistemas de mecanismos que possam auxiliar na apuração de eventual incidente de segurança. Em outras palavras, os sistemas precisam ser construídos gerando trilhas de auditoria, que são os registros dos "rastros" das transações que os usuários executam. Uma das maneiras mais comuns de evidenciar essa trilha de auditoria são os *logs*, registros em tabelas específicas do banco de dados de todas as transações efetuadas pelo usuário onde são registradas a data, hora, terminal, valores alterados, transações executadas, etc.

## 13.3 Autenticação

Um sistema seguro precisa utilizar métodos para garantir a autenticação de seus usuários. Aqui podem ser utilizadas as técnicas de identificação pelo que você sabe, pelo que você tem e pelo que você é, como já visto nos capítulos da primeira parte desse livro. Garantir que a autenticação dos usuários de um sistema é requisito básico de segurança.

## 13.4 Criptografia

O uso de criptografia deve ser considerado durante o desenvolvimento do software e deve ser aplicada em várias partes do sistema. Por exemplo, podemos pensar em criptografar antes de armazenar no banco de dados algumas informações mais sensíveis, isso minimiza o risco de violação da confidencialidade da informação pelos usuários que a acessam sem a utilização do sistema (um DBA, por exemplo).

A utilização da criptografia também deve ser pensada em sistemas que depende de troca de informação ou transmissão de arquivo utilizando a internet. Os sistemas e aplicativos que são feitos para serem usados na internet também são fortes candidatos ao uso desse recurso.

## 13.5 Autoproteção

A autoproteção trata da capacidade do sistema perceber que está sendo atacado e se defender. Ao desenvolvermos um aplicativo precisamos dotá-lo de mecanismos de identificação de ameaças e de autoproteção. Um exemplo bem caraterístico de autoproteção é quando um sistema bloqueia o acesso de um usuário após três tentativas de acesso com senha inválida. Esse comportamento nada mais é que uma prevenção à tentativa de acesso de pessoa não autorizada.

## Caso da vida real - 19

### A segurança nos carros conectados

Crackers já conseguiram exibir falsas informações no painel de controle, mover o volante, frear e até desligar o motor. Porém, as ameaças vão muito além disso.

A cada dia que passa, objetos e pessoas estão mais conectados, seja por lazer, conforto ou fins profissionais. Até um dos maiores objetos de adoração em todo o mundo, o automóvel, já está ficando repleto de sensores. Os carros simplesmente deixaram de ser máquinas isoladas para ser um verdadeiro ponto conectado às redes. Para ter uma ideia, atualmente, muitos componentes que controlam os veículos são computadores que dominam até 100 milhões de linhas de software para um carro de ponta.

Os motoristas ligam seus smartphones para ouvir música e fazer chamadas telefônicas ou, ainda, controlam a temperatura interior do carro por voz. Os veículos conectados também dão vantagens a seus fabricantes, que podem receber dados sobre o comportamento e qualidade do seu produto, e às seguradoras, que podem analisar o comportamento dos seus clientes ao dirigir, mitigar riscos na sua carteira ou oferecer serviços diferenciados.

Infelizmente, a segurança das conexões dos carros pode comprometer toda essa agradável experiência, caso não seja intensamente considerada pela indústria automobilística em toda a cadeia de produção.

Recentemente, pesquisadores conseguiram invadir os sistemas computadorizados dos mais modernos automóveis com apenas um laptop e um programa da Internet, disponível para quem quiser acessar. Enquanto isso, crackers já conseguiram exibir falsas informações no painel de controle, mover o volante, frear e até desligar o motor. Porém, as ameaças vão muito além disso. Informações pessoais, como e-mail, contato e mensagens de texto podem se tornar alvos de invasores. Rotas de GPS podem ser alteradas de modo que o veículo seja direcionado para áreas de maior risco de assalto e sequestro ou para causar tumulto no trânsito.

Contudo, esse cenário pessimista pode ser evitado se uma nova consciência para a segurança for explorada em todas as fases da indústria automobilística, do projeto ao pós-venda. A ideia é que todos os componentes de um veículo sigam padrões de segurança e passem por testes que preveem mecanismos de contingência em caso de falhas. Ao deixarem as concessionárias, o monitoramento de automóveis e uma assistência técnica igualmente sólida em termos de processos e boas práticas podem evitar ameaças de intrusões, desvio de informações privadas e fraudes.

Independente da quantidade de dispositivos conectados em nossos automóveis nos próximos anos, não há como evitar que ameaças coloquem em risco aquilo que está sendo desenvolvido para facilitar e tornar nossa vida ao volante mais simples e agradável. Infelizmente, não se pode prever quando será e qual será a intenção daqueles que agem para comprometer os sistemas de segurança desenvolvidos para o nosso bem-estar. Os veículos deixaram de ser somente um produto de engenharia eletromecânica e passaram para componentes de um sistema maior, que integra veículo, estradas, fabricante e consumidor, para proporcionar uma experiência agradável e transporte seguro. Além de freios ABS, airbags e outras modernidades, os consumidores estão exigindo segurança digital, que seja entregue junto com o veículo. Hoje, as empresas que puderem entregar segurança e conveniência aos consumidores, serão responsáveis por alavancar o verdadeiro poder do veículo conectado.

Fonte:http://computerworld.com.br/seguranca-nos-carros-conectados

## Questões para discussão

1. Quais outros exemplos você poderia dar sobre autoproteção?
2. Quais as vantagens e desvantagens da geração de evidências para auditoria?
3. Quais outras partes do sistema poderiam usar a criptografia?
4. Cite dois exemplos de ações para proteção de dados do usuário.

# 14

# GARANTIA DE SEGURANÇA DA APLICAÇÃO

## 14.1 O conceito de garantia da segurança

Qualidade é um conceito subjetivo e precisa de uma contextualização. Para nós, qualidade em segurança da informação trata da especificação clara e objetiva dos requisitos de segurança da aplicação, da construção do aplicativo conforme essas especificações e dos testes que verificarão o atendimento das especificações originais.

## 14.2 Os níveis de garantia de segurança

O nível de garantia da segurança (EAL1 até EAL7) de um produto ou sistema de TI é um grau numérico atribuído após a conclusão de uma avaliação com base nos critérios comuns de segurança da norma ISO/IEC 15408.

Os crescentes níveis de garantia refletem os requisitos de garantias adicionais que devem ser cumpridos para obter a certificação Common Criteria. A intenção dos níveis mais altos é proporcionar maior confiança de que os principais recursos de segurança do sistema são implementados de forma confiável.

O nível EAL não mede a segurança do sistema propriamente dita, mas ele afirma que o sistema foi adequadamente testado para ver se ele atende a todas as exigências do seu perfil de proteção.

## 14.3 Estrutura dos níveis de segurança

### EAL1 - Testado funcionalmente

Este nível garante que a aplicação funciona de acordo com o que foi especificado em sua documentação. Garante, também, que a documentação descreve as proteções necessárias a serem adotadas contra as ameaças que foram identificadas.

Esse nível é aplicável quando necessitamos comprovar alguma confiança no funcionamento do aplicativo e as ameaças identificadas não são vistas como muito sérias ou graves. Em outras palavras, esse nível de segurança é satisfatório quando a intenção é atestar que a aplicação funciona como foi especificada e não está sujeita a muitas ameaças.

Esse nível de teste pode ser feito pelo próprio usuário final da aplicação com base na documentação do sistema, sem a necessidade de acompanhamento do desenvolvedor.

### EAL 2 - Testado estruturalmente

Este nível garante que foram utilizadas as práticas comerciais padrão no desenvolvimento do software. Requer a cooperação do desenvolvedor em termos de fornecimento de informações de projeto e os resultados dos testes, mas não deve exigir mais esforço por parte do desenvolvedor do que é comumente praticado nos processos de desenvolvimento de software.

Como tal, não deve exigir um aumento substancial, investimento de custo ou tempo. EAL2 é, portanto, aplicável nos casos em que os desenvolvedores ou usuários requerem um baixo ou moderado nível de segurança.

Esse nível é comumente utilizado para avaliar sistemas legados onde o desenvolvedor possui acesso limitado à documentação ou às funcinalidades do sistema.

## EAL 3 - Metodicamente testado e verificado

O propósito deste nível é garantir que a segurança foi aplicada desde a etapa de projeto do sistema, sem, entretanto, gerar uma alteração substancial nas práticas de desenvolvimento.

Requer investigação completa do sistema e do seu desenvolvimento, sem a necessidade de reengenharia, sendo aplicável nos casos em que desenvolvedores e usuários requerem nível moderado de garantia de segurança.

## EAL 4 - Metodicamente projetado, testado e revisado

Este nível de garantia permite que um desenvolvedor obtenha o máximo de segurança baseado nas boas práticas de desenvolvimento de aplicativos sem a utilização de especialistas ou outros recursos mais avançados.

EAL4 é, provavelmente, o nível mais alto de segurança que seja economicamente viável para uma linha de desenvolvimento comercial.

Esse nível é, portanto, aplicável nos casos em que os desenvolvedores ou usuários exijam um moderado a alto nível de segurança que possa ser assegurada de forma independente.

## Os demais níveis EAL de segurança

O EAL 5 significa que o sistema precisa cumprir as normas de segurança em padrões muito elevados e foi testado em todas as fases de desenvolvimento. Este nível é chamado de semiformal projetado e testado.

EAL 6 significa que a segurança é projetada para aplicações **com alto risco de segurança.** Este nível de EAL, geralmente, aumenta substancialmente o custo e o tempo de desenvolvimento do produto.

E por fim o EAL 7, chamado de projeto formalmente verificado e testado, é o nível onde o produto foi avaliado, tanto na fase de concepção e na fase de desenvolvimento para oferecer os mais altos níveis de proteção.

## Caso da vida real - 20

### Segurança digital e a reconstrução da confiança com o cliente

Crackers já conseguiram exibir falsas informações no painel de controle, mover o volante, frear e até desligar o motor. Porém, as ameaças vão muito além disso.

A confiança tornou-se uma das commodities mais importantes do mundo. Um exemplo disso é uma grande rede varejista americana que sofreu um ataque cibernético e viu seu CEO renunciar ao cargo devido à crise gerada, já que os dados pessoais dos clientes aparentemente foram perdidos.

A necessidade de manter a confiança diante da violação ou ataque é fundamental. As organizações que sofrem invasões costumam ver não só um impacto no preço de ação, mas também no número de clientes. Afinal, em um cenário de negócios muito competitivo, o cliente tem várias opções para fazer negócios e a perda de confiança pode ter um efeito prejudicial que leva meses ou mesmo anos para se reparar.

O abalo da confiança vai muito além do custo de encomendas perdidas e visitantes. Estudos concluíram que as empresas alvo de hackers registram um corte significativo em inovação e no número de funcionários.

É difícil medir os custos exatos, mas segundo o relatório Cost of Data Breach Study de 2013, do Ponemon Institute, o custo médio por registro comprometido é de 136 dólares. E um ataque típico costuma afetar entre 2.300 a 99.000 registros.

*Hoje em dia, não é mais uma questão se a organização será atacada, mas quando. Portanto, é fundamental que as equipes de segurança reconheçam a nova realidade da segurança. Os profissionais devem admitir que esse risco existe e agir para evitar ações destrutivas aos sistemas e redes.*

*Com uma compreensão mais profunda sobre abordagem usada pelos invasores, a equipe de TI poderá identificar maneiras de fortalecer as defesas e ser capaz de responder rapidamente para limitar os danos quando acontecerem.*

*Entre as ferramentas a serem utilizadas na defesa dos sistemas, incluem-se:*

*1- Visibilidade*

É preciso ter uma base de informações em toda a rede estendida (que inclua terminais, dispositivos móveis e ambientes virtuais) com visibilidade para todos os sistemas operacionais, aplicações, serviços, protocolos, usuários e comportamento da rede. As tecnologias devem dar visibilidade e também oferecer consciência contextual, correlacionando grandes quantidades de dados.

*2- Automação*

*As ferramentas devem combinar consciência contextual com automação para otimizar defesas e resolver os eventos de segurança mais rapidamente. Política e as regras de atualizações, aplicação e ajustes são apenas alguns exemplos de processos que podem ser automatizados.*

*3- Inteligência*

Inteligência em segurança digital é fundamental para combater ataques. Tecnologias que exploram o poder da nuvem e Big Data Analysis proporcionam inteligência, pois rastreiam e armazenam informações sobre arquivos desconhecidos e suspeitos por meio de uma comunidade ampla.

Fonte: http://computerworld.com.br/blog/opiniao/2014/09/09/seguranca-digital-e-a-reconstrucao-
-da-confianca-com-o-cliente

## Questões para discussão

1. Formule outro conceito válido para garantia da segurança da informação e compartilhe com a sua turma.
2. Quais argumentos você usaria para convencer alguém a pagar mais por um aplicativo testado estruturalmente?
3. Existe alguma vantagem em obter nível de EAL superior a 4? Em quais casos isso se justifica?
4. Faça uma avaliação de uma aplicação de sua organização e compartilhe o resultado com a turma.

# 15

# TESTES DA SEGURANÇA DA APLICAÇÃO

## 15.1 - Testes de software

O desenvolvimento dirigido a teste parte do pressuposto que se o código for bem escrito, mais chance ele terá de ser bem-sucedido. O desenvolvimento dirigido a teste ajuda a enfocar o fator correto no momento oportuno, de forma que se possa criar um *design* limpo, aperfeiçoando-o progressivamente.

Antes da década de 1990, a atividade de teste era geralmente realizada no fim do ciclo de desenvolvimento, normalmente pelos próprios analistas de sistemas. A intenção era avaliar se o sistema funcionava e se queriam encontrar erros. Não havia ainda técnicas e nem metodologias estruturadas de teste.

Em 1979, Glenford Myers [MYERS 1979] publicou um livro que destacava que testar era procurar defeitos e não provar que o software estava funcionando. David Gelperin e Bill Hetzel [GELPERIN 1988] descreveram um processo de evolução dos testes batizando um documento como Plano de Testes, o qual deveria ser escrito a partir dos requisitos do sistema e deveria ajudar a reduzir a quantidade de defeitos dos sistemas, dando aos testadores os objetivos a serem alcançados durante a atividade de teste.

Com o tempo, a atividade de testar passou a fazer parte de um processo independente do processo de desenvolvimento de software, embora continuassem integradas. A criação de um processo independente de teste demandou algumas necessidades de metodologias, métricas e de melhorias, que já existiam no processo original, mas que precisavam ser adaptadas para o novo.

O modelo de processos para condução e realização de testes em todas as etapas do desenvolvimento de sistema visa garantir padrões, qualidade e segurança do produto final. O principal objetivo é reduzir erros no processo de desenvolvimento, atuando das atividades iniciais (requisitos) até a homologação do produto. Os testes dividem-se basicamente em teste de verificação e validação.

### 15.1.1. Testes de Verificação

Processo de avaliação de documentos e informações coletadas em cada fase do processo de desenvolvimento do software.

- Verificação de Requisitos: Garantir a qualidade das informações geradas durante o processo de levantamento, análise e especificação de requisitos.
- Verificação da Modelagem Funcional: Avaliar se todos os requisitos identificados foram incorporados na modelagem funcional.
- Verificação da Modelagem Interna: Avaliar se os diagramas da modelagem interna traduzem todos os aspectos da modelagem funcional, assim como, analisar a estrutura dos dados.
- Verificação de Código: Garantir que os códigos-fonte obedecem às normas e padrões determinados pela organização.

### 15.1.2. Testes de Validação

Processo de avaliação de um sistema ou seus componentes, visando garantir a qualidade do produto final.

- Validação de Unidade: Garantir que as diversas unidades do software estão contempladas na totalidade de linhas de código.
- Validação de Integração: Garantir que os diversos componentes do software não apresentem erros quando integrados.
- Validação de Funcionalidade: Garantir que não existam diferenças entre os

requisitos funcionais e o comportamento do software.
- Validação de Sistemas: Detectar erros de natureza não funcional, certificando-se que o comportamento está de acordo com os requisitos especificados. Seu propósito é testar os requisitos tecnológicos, entre eles:

  - Carga e Stress – determinar o limite máximo de carga e stress que o software poderá suportar;
  - Configuração – identificar e testar as configurações de software e hardware;
  - Segurança – identificar formas de quebra de segurança do software;
  - Desempenho (performance) – determinar se o desempenho em situações normais e de pico estão em conformidade aos requisitos de desempenho especificados;
  - Confiabilidade e disponibilidade – determinar as medidas de confiabilidade e disponibilidade do software;
  - Recuperação – avaliar o comportamento do software após a ocorrência de um erro ou outras condições anormais;

- Validação de Usabilidade: Garantir que os requisitos de usabilidade (acesso, navegação, clareza de informações e terminologia adequada) estejam sendo cumpridos conforme as especificações.

- Validação de Aceite: Permitir ao cliente executar testes, validando as categorias de testes aplicadas anteriormente (funcionalidade, usabilidade e sistemas), reduzindo os riscos na implantação em produção. Os métodos de testes são basicamente os seguintes:

- Método Caixa-Branca – Técnica utilizada para determinar defeitos nas estruturas internas dos programas.

- Método Caixa-Preta – Técnica utilizada para garantir que os requisitos de negócios estão plenamente satisfeitos.

- Alguns modelos de avaliação da maturidade do processo de testes foram criados nos últimos anos. Alguns, como o TPI (Test Process Improvement), são mais usados na Europa e outros como, o TMM (Teste Maturity Model) e TCMM (Test Capability Maturity Model), são mais populares nos Estados Unidos.

## Caso da vida real - 21

50% das empresas não investem para tornar seus apps seguros

Segundo pesquisa, em média, as organizações testam menos da metade dos aplicativos desenvolvidos e 33% delas nunca os testaram.

Metade das empresas não investe um centavo para tornar seus aplicativos móveis minimamente seguros. Essa é a constatação de um estudo encomendado pela IBM junto ao Ponemon Institute. O levantamento indagou 400 companhias de grande porte que trabalham com grande quantidade de dados sensíveis nas áreas de finanças, saúde, farmacêutica, setor público, entretenimento e varejo.

Embora o gasto anual de cada empresa pesquisada com o desenvolvimento de aplicativos móveis seja de cerca de US$ 34 milhões, somente 50% delas têm recursos destinados à segurança móvel. Já para a outra metade, 5,5% do budget de aplicativos são o total destinado para garantir que eles estarão seguros antes de serem disponibilizados aos usuários.

Segundo o estudo, em média, as organizações testam menos da metade dos aplicativos desenvolvidos e 33% delas nunca os testaram, o que cria uma infinidade de pontos de acesso aos dados empresariais por meio de dispositivos inseguros.

De acordo com o levantamento, quase 40% das grandes corporações não tomam as precauções necessárias para garantir a segurança dos aplicativos que elas desenvolvem para seus clientes e também não protegem seus dispositivos móveis contra ataques cibernéticos.

O retrato disso, conforme apontou o primeiro relatório de 2015 do time IBM

X-Force, é que mais de um bilhão de registros de dados pessoais foram comprometidos em ataques virtuais durante o ano passado.

As organizações pesquisadas justificam o cenário vulnerável com o fato de que, muitas vezes, a segurança de seus aplicativos é colocada em risco devido à demanda do cliente ou necessidade. Por outro lado, 77% citam a pressão para a entrega como o principal motivo dos apps terem códigos vulneráveis.

Milhares de dispositivos rodam diferentes tipos de apps com necessidades específicas. Calcula-se, ainda que, existem atualmente quase três milhões de aplicativos nos sistemas Android, iOS e Microsoft e, em média, são feitos downloads de mais de 100 mil apps diariamente.

Fonte:http://computerworld.com.br/50-das-empresas-nao-investem-para-tornar-seus-apps-seguros

## Questões para discussão

1. Qual a diferença entre teste de verificação e validação?
2. Como a teoria de teste de software da Engenharia de Software pode ser aplicada à segurança?
3. Em sua organização a disciplina de teste contempla ações de segurança da informação?
4. Cite algumas ações relacionadas ao teste de segurança que podem ser implementadas em sua organização.
5. Pesquise outras técnicas existentes de teste de segurança em sistemas de informação e compartilhe com sua turma.

# 16
# MÉTRICAS DA SEGURANÇA DA APLICAÇÃO

Não se pode controlar o que não se pode medir. O que é medido é conseguido. A métrica é um número que vincula a uma ideia. Mais precisamente, é uma indicação dimensível de algum aspecto quantitativo do sistema. As medidas de escopo, tamanho, custo, risco e tempo empregado são corriqueiros na engenharia de software, mas métricas de segurança ainda são pouco citadas e utilizadas.

Outra questão a ser acompanhada continuamente é a ocorrência de incidentes e divulgação de vulnerabilidades. É preciso estar preparado tanto para identificar um incidente, quanto para difundir as correções e alertar aos interessados. Segurança é um tema que não se esgota nas boas práticas. É preciso acompanhar seu desenvolvimento e educar-se para evitar a criação de vulnerabilidades, sem que se incorra na criação de novas.

## 16.1. Métricas de segurança

Dois tipos de métricas são usados atualmente para determinar a segurança de um sistema: em nível de código, contando-se o número de *bugs* encontrados ou consertados de uma versão para outra, e em nível de sistema, contando-se o número de vezes que um sistema é citado nos avisos como CERT, Microsoft *Security Bulletins* e MITRE *Common Vulnerabilities and Exposures* (CVEs).

As medidas em nível de código, que preveem a contagem e análise de *bugs*, não tinham objetivos claros de estabelecer correspondência entre a contagem de *bug* com vulnerabilidade de sistemas.

Em nível de sistema, Browne *et al.* [BROWNE 2001] definiu um modelo analítico que assemelha-se às classificações nas quais incidentes são reportados para o CERT. Posteriormente, Beattie *et al.* [BEATTIE 2002] elaborou um modelo matemático sobre o tempo da aplicação de *patches* de correções para o funcionamento contínuo condizente, baseado na coleta de registros do CVE [MITRE].

Tanto Browne quanto Beattie focaram seus estudos nas vulnerabilidades com respeito às suas descobertas, exploração e forma de remediar ao longo do tempo ao invés de simplesmente coletar pontos de vulnerabilidades em um sistema.

### 16.1.1. Superfície de Ataque

Uma nova métrica foi proposta, baseada na ideia de superfície de ataque, considerando que as métricas prevalecentes, apesar de úteis, eram insatisfatórias. A superfície de ataque constitui-se das ações do sistema externamente visíveis aos usuários junto com os recursos do sistema acessado ou modificado por cada ação. Quanto mais ações estiverem disponíveis a um usuário ou quanto mais recursos forem acessíveis por essas ações, mais exposta será a superfície de ataque. E, quanto mais exposta estiver, mais suscetível o sistema estará a ataques com chances de sucesso, portanto mais inseguro será. A nova métrica visa reduzir a superfície de ataque para diminuir a probabilidade de ataque e tornar o sistema mais seguro.

Um processo simples para ajudar a reduzir a superfície de ataque e, consequentemente, melhorar a segurança do sistema seria:

- Reduzir a quantidade de código em execução – aplicando a regra 80/20 a todas às áreas funcionais, se oitenta por cento dos usuários não a usarem, deve-se considerar a possibilidade de desligá-la.

- Reduzir o acesso a pontos de entrada para usuários não confiáveis – restringir o acesso a quem não deveria, em essência, usar determinado recurso e fortalecer os princípios de autenticação.

- Reduzir o privilégio para limitar o potencial de dano – reduzir os privilégios sob os quais o código deve ser executado.

- Caminhos de código anônimo – analisar o diagrama de fluxo de dados (DFD) ou diagrama de interação da UML (*Unified Modeling Language*) e identificar os pontos de entrada do sistema. A análise permitirá identificar se há a necessidade de aumentar o nível de autorização nesses pontos.

- Reduzir a superfície de ataque preventivamente – descrever na fase de projeto como será a superfície de ataque, preferencialmente registrando em um documento. Alguns itens a serem considerados são: protocolos de rede, pontos (*endpoints*) que devem suportar autenticação ou autorização (atenção redobrada nos *endpoints* anônimos), desligar recursos por default, componentes reutilizáveis usados, identidades de processos de todos os códigos executados e contas de usuários instalados. Dessa forma, os desenvolvedores conhecerão desde o início como será a superfície de ataque.

- Medir a superfície de ataque – determine a superfície de ataque mínima no início e meça-a ao longo do desenvolvimento.

- Grande superfície de ataque resulta em grande trabalho de segurança – se uma grande superfície de ataque for inevitável, o código deveria ser de boa qualidade, conservador e defensivo.

### 16.1.2. Outras métricas

Muito se tem feito na área de modelagem quantitativa da segurança de sistemas. Esses trabalhos focam nas vulnerabilidades de um sistema como uma medida de sua segurança.

Brocklehurst *et al.* [BROCKLEHURST 1994, LITTLEWOOD 1993] mede a segurança operacional de um sistema estimando o esforço despendido por um atacante para descobrir uma brecha de segurança e o benefício associado a ela.

Alves-Foss *et al.* [ALVES-FOSS 1995] usa o Índice de Vulnerabilidade do Sistema (System Vulnerability Index) – obtido pela avaliação de fatores como as características do sistema, atos potencialmente negligentes e atos potencialmente malevolentes – como uma medida de vulnerabilidade de sistema.

Voas *et al.* [VOAS 1996] propôs o Tempo Mínimo Para Intrusão (MTTI, em inglês), métrica baseada no tempo predito antes que qualquer intrusão simulada ocorra. O MTTI é uma métrica relativa que permite aos usuários comparar versões diferentes de um mesmo sistema.

Ortalo *et al.* [ORTALO 1999] modela o sistema como um privilégio gráfico [DACIER 1994] exibindo suas vulnerabilidades e estimando o esforço consumido pelo atacante para perpetrar um ataque bem-sucedido, explorando tais vulnerabilidades. O esforço estimado é a medida da segurança operacional do sistema.

## 16.2. Monitorização de vulnerabilidades

Todo comportamento anormal de um sistema deve ser examinado para que possa ser ou não considerado um incidente de segurança. Essa monitorização bem como as providências a serem tomadas em cada caso devem fazer parte da política de segurança e contribui para a melhoria do processo de desenvolvimento de software.

### 16.2.1. Divulgação de vulnerabilidade

Contar com um modelo de documento que descreva em riqueza de detalhes a vulnerabilidade divulgada, é uma prática recomendada e de interesse mútuo para usuários e fornecedores. As grandes organizações têm aperfeiçoado seus boletins de divulgação e conscientizado seus usuários a lê-los, geralmente por meio do envio de mensagem eletrônica a usuários previamente cadastrados, além de muitas criarem seus próprios produtos para automatizar o processo de atualização.

## 16.2.2. Resposta a incidentes

Um Grupo de Resposta a Incidentes de Segurança, ou Computer Security Incident Response Team (CSIRT), é um grupo – algumas vezes uma organização – responsável por receber, analisar e responder a notificações e atividades relacionadas a incidentes de segurança em computadores. Um CSIRT normalmente presta serviços para uma comunidade bem definida, que pode ser a entidade que o mantém, como uma empresa, um órgão governamental ou uma organização acadêmica.

Um CSIRT mostra-se necessário quando um incidente de segurança ocorre, pois torna-se crítico para a organização ter uma maneira eficaz de respondê-lo. A rapidez com que a organização pode reconhecer, analisar e responder a um incidente limitará os danos e diminuirá o custo de recuperação.

O relacionamento entre diversos CSIRTs e organizações de segurança pode facilitar o compartilhamento de estratégias de resposta e a geração de alertas para problemas potenciais. Os CSIRTs podem trabalhar em conjunto com outras áreas da organização de maneira proativa, garantindo que novos sistemas sejam desenvolvidos e colocados em produção, tendo preocupação com a segurança e em conformidade com as políticas de segurança. Eles podem ajudar a identificar áreas vulneráveis da organização e, em alguns casos, realizar análise de vulnerabilidades e detecção de incidentes.

## Caso da vida real - 22

Conheça a "Slow and Low", nova modalidade de ataques cibernéticos

"Slow and Low" não é apenas uma música famosa dos Beastie Boys. Também refere-se ao tipo de ataque, o preferido dos adversários atualmente, para atacar sem ser detectado.

O cenário atual de ameaças é alimentado por invasores não mais motivados apenas pela notoriedade, mas sim pelo ganho econômico ou político. Com incentivos financeiros significativos para ataques bem-sucedidos, o ataque silencioso é agora a cartada do jogo. Os invasores estão mais proeficientes, aproveitando-se discretamente das brechas na segurança para ocultar e dissimular a atividade maliciosa, e nós estamos conhecendo novas abordagens jamais vistas.

Os ataques "slow and low" ("Lento e baixo") usam o tráfego lento, que parece legítimo em termos de regras e taxas de protocolo, para atingir uma falha da segurança. Por não violar qualquer política padrão de rede ou de segurança, eles passam despercebidos, voando abaixo do radar das estratégias tradicionais de mitigação.

Aqui estão cinco técnicas do tipo "slow and low" que os criminosos cibernéticos utilizam para ganhar acesso às redes e cumprir a sua missão, e que os profissionais de segurança precisam entender para defender, de forma mais eficaz, suas organizações.

1. Exploit kits: No mundo dos negócios, as empresas se esforçam para serem reconhecidas como líderes da indústria. Mas quando se trata de exploits (pacotes de dados que se aproveitam de vulnerabilidades), o primeiro lugar não é tão cobiçado assim. Produtores de exploits kits de alto perfil, como o "Blackhole", têm sido alvos das autoridades ou têm sido fechados. Como resultado, os invasores estão percebendo que ser o maior e o mais ousado nem sempre é melhor - seja qual for o tamanho das infraestruturas maliciosas C&C (servidores usa-

dos de comando e controle) ou a forma de invasão das redes. Em vez disso, os exploits mais bem sucedidos são o quarto ou quinto mais comum - um modelo de negócio sustentável, já que não atrai muita atenção.

2. Snowshoe Spam: Assim chamado por ser muito parecido com uma bota de neve ("Snowshoe") que deixa uma pegada grande, mas fraca, mais difícil de ser vista. Com essa técnica, o invasor espalha um monte de mensagens em uma grande área para evitar a detecção por métodos tradicionais de defesa. O spam Snowshoe envia e-mails em massa não solicitados usando um grande número de endereços IP e num volume baixo de mensagem, numa tentativa de contornar as tecnologias de reputação AntiSpam baseadas em IP. Eles rapidamente alteram o corpo do texto, os links, os endereços de IP usados para o envio e nunca repetem a mesma combinação.

3. Spear phishing [arpão de pesca] mais sofisticado: Os adversários continuam a aperfeiçoar suas mensagens, muitas vezes usando táticas de engenharia social, e até os usuários mais experientes têm dificuldade em detectar tais mensagens falsas. A última rodada de mensagens de phishing parece vir de fornecedores conhecidos ou prestadores de serviços de quem os usuários geralmente recebem mensagens - por exemplo: serviços de entrega, sites de compras online e provedores de música e entretenimento. Esses e-mails podem incluir um nome de confiança, um logotipo ou um título que parecem familiar aos destinatários, como um aviso sobre uma compra recente ou um número de rastreamento da entrega. Esta construção bem planejada e cuidadosa dá aos usuários uma falsa sensação de segurança, seduzindo-os a clicar em links maliciosos contidos no e-mail.

4. Exploits compartilhados entre dois arquivos diferentes: Malwares Flash agora podem interagir com JavaScript ao compartilhar um exploit entre dois arquivos e formatos diferentes: um flash e um JavaScript. Isso esconde a atividade maliciosa, tornando-se muito mais difícil a identificação, o bloqueio e a análise do exploit com ferramentas de engenharia reversa. Essa abordagem também torna os adversários mais eficientes e capazes de ataques mais eficazes. Por exemplo, se a primeira fase de um ataque for inteiramente em JavaScript, a segunda

fase, a transmissão do payload (onde encontram-se os efeitos destrutivos do software) não ocorre até que o JavaScript tenha sido executado com sucesso. Dessa forma, apenas os usuários que executarem o arquivo malicioso receberão o payload.

5. Malvertising [malware + advertising = publicidade maliciosa] provenientes dos complementos do navegador: Os criadores de malware desenvolveram um modelo de negócio refinado, usando os complementos (add-on) do navegador da web como um meio para a distribuição de malware e aplicativos indesejados, como pop-ups, por exemplo. Os usuários pagam uma pequena taxa para baixar e instalar aplicativos como ferramentas de PDF ou players de vídeo, a partir de fontes que eles acreditam ser legítimas. Na realidade, os aplicativos estão infectados com software malicioso. Essa forma de distribuição de malware está garantindo o sucesso dos autores maliciosos, já que muitos usuários confiam inerentemente nesses add-ons ou simplesmente acreditam que sejam benignos. Os invasores ganham dinheiro com muitos usuários individuais, com pequenos incrementos persistentemente infectando seus navegadores e facilmente se escondendo em suas máquinas.

Profissionais de segurança e criminosos cibernéticos estão numa corrida para ver qual lado pode despistar o outro. Os adversários estão se tornando mais sofisticados, não só em suas abordagens de ataques, mas em burlar a detecção de formas inéditas. Mas os defensores também não estão parados. Constantemente inovando e em contínuo aprendizado sobre o que estão vendo nesta selva, os defensores serão capazes de identificar e frustrar a atual rodada de ataques.

Fonte:http://computerworld.com.br/conheca-slow-and-low-nova-modalidade-de-ataques-ciberneticos

## Questões para discussão

1. Como a superfície de ataque auxilia a segurança da informação?
2. A sua organização dispõe de um CSIRT? Quais seriam as vantagens de ter um?
3. Qual a importância das métricas para a segurança da informação?
4. Quais outras métricas existem para segurança em sistemas de informação?
5. Quais dessas métricas são utilizadas em sua organização?

# PARTE III

# AUDITORIA EM SISTEMAS DE INFORMAÇÃO

# FUNDAMENTOS EM AUDITORIA DE SISTEMAS DE INFORMAÇÃO

## 17.1 Introdução

O termo auditoria, por vezes, é empregado incorretamente quando consideramos que se trata de uma avaliação cujo único fim é detectar erros e assinalar falhas. O conceito de auditoria é muito mais amplo que isso, podendo ser referido como um exame crítico que tem a finalidade de avaliar a eficácia e eficiência de um processo, área ou organização.

Auditoria, bem como auditor, tem sua origem no termo latino *auditorius*, que designa a entidade que tem a capacidade de ouvir as informações prestadas e de fazer a revisão de contas. Complementarmente, tem o objetivo de analisar o funcionamento de parcela ou todo das organizações, para avaliar as deficiências de desempenho e sugerir vias de correção e melhoramento. Assim, a auditoria não é uma atividade meramente técnica que implique apenas a aplicação de certos procedimentos cujos resultados apresentam um rigor.

A auditoria nasceu como um órgão de controle de algumas organizações privadas e estatais. Inicialmente, a sua função não era de caráter executivo e era estritamente de natureza econômico-financeira, devendo manter-se absolutamente independente.

Dito de outra maneira, auditoria é a atividade que consiste na emissão de uma opinião profissional sobre o objeto em análise, a fim de confirmar se cumpre adequadamente as condições que lhe são exigidas.

Nos dias atuais a auditoria é uma operação de análise e diagnóstico de toda a organização, levando em consideração todos os aspectos da sua gestão, com vistas a avaliar a coerência, a racionalização de processos e de apreciar a validade e rigor dos resultados.

Assim a auditoria expande-se além do foco econômico-financeiro para todas as áreas da organização, como:

- Auditoria operacional
- Auditoria de gestão
- Auditoria de qualidade
- Auditoria de tecnologia
- Auditoria de fraude
- Auditoria de segurança
- Auditoria estratégica
- Auditoria ambiental
- Auditoria de marketing
- Auditoria de sistemas

## 17.2 Auditoria de Sistemas

Os temas relacionados com a auditoria de sistemas vêm adquirindo cada vez mais relevância, tanto no contexto nacional quanto internacional, dado que se intensifica a conscientização de que a informação é um dos ativos mais importantes da organização, representando, por vez, a sua principal vantagem competitiva. Por essa razão as corporações estão investindo pesado, montantes de dinheiro e tempo na criação de sistemas de informação com o objetivo de obter maior produtividade e nível mais elevado de qualidade.

Considerando que a informação e as tecnologias a ela associada são ativos estrategicamente significantes, as organizações passam a exigir mais requisitos de qualidade, controle, desenvolvimento e segurança. A gestão empresarial deve estabelecer um sistema de controle interno adequado para poder suportar devidamente os processos de negócios existentes.

Uma vez que as médias e grandes organizações dependem cada vez mais da sua informatização, consolida-se a necessidade de rever periodicamente todos os seus sistemas de informações. As políticas e as regras de eficiência e eficácia, de economia e de segurança exigem que sejam realizadas verificações e avaliações regulares da infraestrutura (hardware e networks) e dos sistemas de informação.

Desse modo, a auditoria de sistemas torna-se uma ferramenta de gestão das organizações, sendo útil também aos acionistas e às entidades de regulação e controle no sentido de poderem avaliar a qualidade das operações e negócios da empresa.

Auditoria de sistemas, então, é uma atividade voltada à avaliação dos procedimentos de controle e segurança vinculados ao processamento das informações. Seu objetivo é verificar se as informações armazenadas em meio eletrônico atendem aos requisitos de confiança e segurança e se os controles internos foram implementados e se são efetivos.

## 17.3 Objetivos da auditoria de sistemas

A função da auditoria de sistemas é promover adequação, revisão, avaliação e recomendações para o aprimoramento dos controles internos nos sistemas de informação da empresa, bem como avaliar a utilização dos recursos humanos, materiais e tecnológicos envolvidos no processamento dos mesmos.

A auditoria de sistemas deve atuar em todos os sistemas da organização, seja no nível operacional, tático ou estratégico.

Segundo o COBIT, os objetivos da auditoria de sistemas de informação devem estar pautados em: efetividade, eficiência, confidencialidade, integridade, disponibilidade, *compliance* e confiança.

Alinhando as duas definições, podemos definir como objetivos globais da auditoria de sistemas de informação:

**Integridade**: confiança nas transações processadas pelo sistema. O sistema garante a consistência das transações. Os elementos de correnteza e completeza das transações são evidentes. Os usuários tomam decisões baseadas nas informações sem receio.

**Confidencialidade**: As informações são reveladas somente às pessoas que necessitam conhecê-las.

**Privacidade**: As funções incompatíveis nos sistemas são segregadas. No processo de autorização os usuários enxergam apenas as informações necessárias à execução de suas tarefas.

**Acuidade**: As transações processadas podem ser validadas. Um módulo de consistência de entrada de dados pode auxiliar na verificação dos dados-fonte atentando para sua veracidade. Isso é fundamental para evitar que dados não qualificados sejam alimentados nos sistemas gerando transações indevidas ou inválidas.

**Disponibilidade**: o sistema precisa estar disponível para o cumprimento dos objetivos empresariais; sua falta pode resultar em perda financeira ou gerar problemas de continuidade do negócio.

**Auditabilidade**: os sistemas devem documentar *logs* operacionais que permitam trilhas de auditoria.

**Versatilidade**: o sistema deve ser amigável, fácil de adaptar-se ao *workflow* operacional da empresa, utilizar recursos de importação e exportação de dados de forma simples, etc.

**Manutenibilidade**: políticas e procedimentos operacionais devem contemplar controles quanto a teste, conversão, implantação e documentação de sistemas novos ou modificados. Quando da manutenção do sistema os riscos de contaminação dos ambientes de teste e produção devem ser eliminados. Não há risco dos sistemas virarem colchas de retalhos por falta de uma metodologia apropriada para a manutenção.

## 17.4 Abordagem e Tipos de Auditoria

A auditoria de sistemas tem várias abordagens, são elas: ao redor do computador, através do computador e com o computador.

A **abordagem ao redor do computador** trabalha a partir de documentos de entrada e saída, não se preocupa muito com as funções de processamento e é apropriada para pequenas empresas. Suas principais vantagens são - que não exige muito conhecimento de TI e tem baixo custo. Pode-se definir como seus pontos negativos o fato de ser incompleta, ter poucos parâmetros de auditoria, as decisões baseadas em relatórios e documentos podem ser distorcidas e os documentos ficam desatualizados.

Já a **auditoria através do computador** além de envolver a confrontação de documentos, alerta quanto ao manuseio dos dados, aprovação e registro de transações comerciais, mas não constrói controles de programas junto aos sistemas. Também utiliza técnicas de verificação para verificar como os dados são processados e os resultados intermediários, através de simulações. Sua principal vantagem é que capacita melhor o auditor a respeito de habilidade profissional no que tange ao conhecimento de processamento eletrônico de dados. Suas desvantagens são: necessidade de treinamento de auditores, aquisição e manutenção de pacotes de software, risco de que os programas de teste estejam incorretos ou "viciados" e o fato de ignorar as tarefas executadas manualmente.

Por fim, a **abordagem com o computador**, que utiliza o computador para verificar se os cálculos e transações econômicas e financeiras são feitos corretamente, utiliza cálculos estatísticos e de geração de amostras que facilitam a confirmação dos dados e a aferição da integridade dos mesmos, usa a capacidade de edição e classificação do sistema computadorizado, a fim de ordenar e selecionar registros, e, inclui a verificação dos procedimentos computadorizados e dos procedimentos manuais. Tem como vantagem o fato de ser completa, contudo, sua desvantagem é que é cara e mais demorada.

A auditoria em sistemas, também pode ser categorizada como:

- **Auditoria durante o desenvolvimento de sistemas**
  Compreende auditar todo o processo de construção de sistemas de informação, da fase de requisitos até a sua implantação, bem como o próprio processo ou metodologia de desenvolvimento.

- **Auditoria de sistemas em produção**
  Preocupa-se com os procedimentos e resultados dos sistemas já implantados. Sua segurança, corretude e tolerância às falhas.

- **Auditoria no ambiente tecnológico**
  Compreende a análise do ambiente de informática em termos de estrutura organizacional, contratos, normas técnicas, custos, nível de utilização de equipamentos e planos de segurança e de contingência.

- **Auditoria em eventos específicos**
  Compreende a análise das causas, consequências e ações corretivas cabíveis em eventos não cobertos pelas auditorias anteriores. Podem ser eventos detectados por outros órgãos e entidades externas ou evento específico e localizado.

## 17.5 O papel do auditor

O papel do auditor de sistemas é verificar a eficácia dos controles e procedimentos de segurança existentes, a eficiência dos processos em uso, a correta utilização dos recursos disponíveis, assessorando a administração na elaboração de planos e definição de metas, colaborando no aperfeiçoamento dos controles internos, apontando deficiências e irregularidades que possam comprometer a segurança e o desempenho organizacional. Deve-se deixar claro que tudo isto deve ser feito com imparcialidade total na execução, sempre visando que seu papel não é complicar os processos de uma organização, mas sim facilitá-los.

A necessidade global de referências nesse assunto, para o exercício dessa profissão, promoveu a criação e desenvolvimento de melhores práticas como COBIT, COSO, ISO 27001 e ITIL.

Atualmente, a certificação CISA – Certified Information Systems Auditor, oferecida pela ISACA – Information Systems and Control Association é uma das mais reconhecidas e avaliadas por organismos internacionais, já que o processo de seleção consta de uma prova extensa que requer conhecimentos avançados, além de experiência profissional e a necessidade de manter-se sempre atualizado, através de uma política de educação continuada (CPE) na qual o portador da certificação deve acumular carga horária de treinamento por período estabelecido.

Para se tornar auditor é preciso unir aspectos da área de exatas, como o raciocínio lógico e a visão de processos com outras associadas às ciências humanas, como boa capacidade de comunicação. Além disso, ser curioso, questionador e detalhista faz parte da lista de habilidades e competências necessárias à função.

Há também a importância da formação superior sólida – preferencialmente em Administração ou TI, complementada por uma pós-graduação em Gestão de Segurança da Informação. Cursos e certificações específicos para a área de auditoria, como a CISA, fazem a diferença no mercado e também no salário.

## Caso da vida real - 23

Auditoria sobre a segurança da informação: inimiga ou aliada?

*O comitê brasileiro sobre as normas de gestão de segurança da informação está trabalhando no desenvolvimento de duas normatizações para a área.*

*Há boas razões para celebrar os progressos alcançados nos programas de auditoria do Sistema de Gestão da Segurança da Informação (SGSI) sem cair na ilusão de que a estrada já está pronta. O comitê brasileiro sobre as normas de gestão de segurança da informação (série 27000), que colabora com o desenvolvimento de padrões internacionais através da ISO (International Organization for Standardization), está trabalhando no desenvolvimento de duas normatizações que têm como objetivo:*

*1. Prover orientação para o gerenciamento do programa de auditoria do Sistema de Gestão da Segurança da Informação e a condução de auditorias internas e externas de acordo com a ISO/IEC 27001:2005 (Sistemas de gestão de segurança da informação – Requisitos), em adição e complemento àquelas contidas na ISO 19011 (Diretrizes para auditorias de sistema de gestão da qualidade e/ou ambiental);*

*2. Orientar os processos de auditoria dos controles aplicados em um Sistema de Gestão de Segurança da Informação em harmonia com as normas ISO/IEC 27001 e ISO/IEC 27002.*

*As duas normas estão em fase de desenvolvimento, e o cenário traçado para o futuro do programa de auditoria parece claro.*

**Investir em treinamentos**

*Primeiro, convém que as equipes de auditorias reciclem suas competências específicas em segurança da informação. Um planejamento prévio deve criar* um plano diferenciado de treinamento para os envolvidos com o processo de auditoria.

A aquisição de conhecimentos inicia-se formalmente através da formação de auditores líderes no Sistema de Gestão da Segurança da Informação (ISO/IEC 27001) e continuará evoluindo, muito em breve, através dos futuros padrões internacionais ISO IEC 27007: Guidelines for ISMS Auditing e a ISO IEC DTR 27008: Guidelines for auditors on ISMS controls. É importante ressaltar que estes dois documentos estão em fase de desenvolvimento no Brasil pelo Comitê Brasileiro sobre as normas de gestão de segurança da informação.

**Reestruturar a auditoria**

Segundo ponto: esse reposicionamento da auditoria, de acordo com os novos padrões (ISO IEC 27007 e a ISO IEC DTR 27008), exige uma capacidade maior de analisar informações técnicas cada vez mais complexas.

O fato ocorre porque as ameaças e os controles de segurança da informação evoluem constantemente. A segurança da informação e a tecnologia da informação são muito dinâmicas. Os livros, os cursos e as faculdades, não conseguem acompanhar essa evolução.

É por essa razão que a maioria dos profissionais da área de segurança da informação possui um perfil autodidata. Os criminosos que atuam na internet também são autodidatas. São pessoas assim, que desenvolvem novos golpes quase que diariamente.

Os auditores precisam desenvolver cada vez mais sua capacidade de analisar informações complexas em profundidade suficiente para identificar eventuais riscos e oportunidades de melhoria no processo de segurança da informação.

## Uso prático de metodologia

*Terceiro, as áreas de auditoria deverão atualizar suas metodologias para auditoria do Sistema de Gestão de Segurança da Informação, de acordo com os novos padrões (ISO IEC 27007 e a ISO IEC DTR 27008), incluindo uma série de passos a serem seguidos para garantir a aplicação correta de uma comparação da situação atual da organização com os resultados esperados.*

*A atualização da metodologia pode contar com o apoio dos departamentos Jurídico e de Compliance, que explicarão como obter informações derivadas de obrigações de conformidade legal e normas pertinentes ao setor de atuação da organização. As equipes de Segurança da Informação e Tecnologia da Informação podem fornecer dados sobre boas práticas adotadas pela organização e como são estabelecidos os controles.*

## Conclusão

*A expectativa é de que as organizações realizem, o mais breve possível, a reestruturação da área de auditoria trazendo uma atualização no conhecimento dos auditores e também no uso de novas metodologias.*

*Essa evolução será necessária para sinalizar o compromisso dessa área com as metas de segurança da informação e gestão de risco da organização. Mas, para isso, é preciso olhar para um horizonte mais amplo. E buscar orientação de outras áreas de apoio na companhia para avaliar a adequação e efetividade dos controles estabelecidos e implementados, incluindo uma abordagem baseada na Governança da Segurança da Informação e nos riscos operacionais.*

Fonte: http://cio.com.br/opiniao/2011/01/05/auditoria-sobre-a-seguranca-da-informacao-inimiga--ou-aliada/

## Questões para discussão

1. Quais os objetivos da auditoria de sistemas?
2. Quais as diferenças entre a auditoria de sistemas e as demais auditorias?
3. Diferencie as abordagens de auditoria de sistemas.
4. Quais características deve ter um profissional para desempenhar a função de auditor?

# 18

# CONTROLE E SEGURANÇA NOS SISTEMAS DE INFORMAÇÃO

Controle, de um modo geral, é um conjunto de procedimentos e métodos, cuja finalidade é vigiar as funções e atitudes das organizações, possibilitando verificar se todas as operações são realizadas conforme as políticas adotadas e as diretrizes e princípios estabelecidos.

## 18.1 Controle interno

De maneira mais abrangente, controle interno é um instrumento de organização que integra todos os métodos e medidas, adotados por uma empresa para proteger seus ativos, confirmar a exatidão e a fidelidade de seus dados contábeis-financeiros, garantir e aumentar a eficiência operacional e conseguir uma obediência integradora de todas as áreas funcionais da organização às políticas de gestão globais.

## 18.2 Natureza e finalidade do controle interno

Controle interno de TI é o conjunto de normas e procedimentos para assegurar a confidencialidade, integridade e disponibilidade dos sistemas de informação. Esses controles garantem que os procedimentos programados em um sistema informatizado sejam concebidos, implantados e operem de forma adequada e que só introduzam mudanças nos programas e nos dados quando devidamente autorizados.

Na perspectiva da gestão empresarial, as finalidades do controle interno são:

- Proteger os ativos;
- Obter a informação atualizada;
- Preservar a confidencialidade do Sistema de Informação;
- Garantir a segurança do ambiente;
- Manter a segurança lógica;
- Obter elevados níveis de eficiência;
- Manter a coerência e a concordância das atividades com as orientações fornecidas pelas políticas

Na perspectiva da auditoria interna, o controle interno concentra-se no aperfeiçoamento dos sistemas de funcionamento da organização, verificando métodos e processos de trabalho, interligações entre as áreas funcionais, identificando insuficiências, desajustamentos, métodos ineficientes ou desatualizados e procedimentos desnecessários.

## 18.3 Classificação geral dos controles internos

Os controles internos podem ser classificados da seguinte forma:

- **Controles preventivos:** estabelecem as condições necessárias para que o erro não se reproduza e reduzem a frequência com que ocorrem as causas do risco. Exemplos:

  - Um sinal de não fumar
  - Sistema de chave de acesso
  - Segregação de funções
  - Padronização de procedimentos
  - *Passwords*

- **Controles corretivos:** ajudam a investigar e corrigir as causas do risco. Exemplos:

- Lista de erros ocorridos
- Estatísticas das causas de erros

• **Controles de detecção:** são os mais importantes controles para o auditor. Apesar de não evitarem nem as causas nem o erro, eles os detectam rapidamente. De certo modo atuam como alarmes. Exemplos:

- Trilhas de auditoria;
- Procedimento de validação de entrada de dados

## 18.4 Princípios dos controles internos

Os controles internos, quando bem definidos, atendem aos seguintes princípios:

• **Supervisão:** são procedimentos utilizados pela gestão da organização para controlar o funcionamento empresarial e alcançar os objetivos do negócio.

• **Registro e comunicação:** a gestão da organização deve estabelecer critérios para criação, processamento e disseminação de informações, por meio de autorização e registro de responsabilidade.

• **Segregação de funções:** As responsabilidades e ocupações incompatíveis devem estar segregadas de maneira a minimizar as possibilidades de perpetuação de fraudes. O objetivo é impossibilitar que um colaborador possa controlar todas as fases de um processo crítico de negócio.

• **Classificação de informação:** a gestão deve estabelecer um plano para a classificação da informação que melhor sirva às necessidades da organização.

• **Tempestividade:** a gerência deve definir procedimentos, monitorar os registros corretos das transações econômicas, financeiras e contábeis da empresa em tempo hábil.

- **Auditoriabilidade:** procedimentos operacionais que permitam a programação e verificação periódica da precisão do processo, gerando relatórios conforme as políticas existentes.

- **Controle independente:** os sistemas existentes devem possuir procedimentos adequados para identificação e correção de erros no fluxo de processamento.

- **Monitoramento:** a gerência deve possuir acesso diferenciado e com poderes suficientes que lhe permita fazer o acompanhamento em tempo real das transações.

- **Implantação:** a gerência deve planejar a aquisição, desenvolvimento, manutenção e documentação dos sistemas de forma a atender as metas organizacionais.

- **Contingência:** os procedimentos relativos aos controles internos precisam prever uma possibilidade de contingência ou de solução de contorno em caso de impossibilidade de execução do seu fluxo normal.

- **Custo efetivo:** o custo do controle interno não pode ser maior que o valor do ativo a ser protegido.

## 18.5 Tipos de controles internos em sistemas de informação

Os controles internos da tecnologia da informação são o conjunto de normas e procedimentos que devem existir para assegurar a confidencialidade, integridade e disponibilidade das informações. Esses controles garantem que os procedimentos programados dentro dos sistemas de informação sejam concebidos, implantados e operados de forma adequada e em conformidade com as normas e políticas vigentes.

Dentro dos controles internos de sistemas de informação existem diferentes tipos que serão apresentados a seguir.

**Controle administrativo e gerencial:** devem prever a segregação adequada de tarefas e atividades incompatíveis – quem prepara a entrada de dados, quem processa os dados, quem gerencia e quem são os usuários finais.

**Controle de desenvolvimento e implantação de aplicações:** garantem a adequação do projeto, desenvolvimento e implantação das novas aplicações às normas e políticas correspondentes.

**Controle interno de manutenção:** objetiva reduzir o risco inerente às modificações nas aplicações, como duplicação de alterações, mudanças que não atendem os requisitos levantados, perda de tempo na resolução de problemas em função da documentação desatualizada (ou até mesmo a falta de documentação) e alterações não autorizadas das aplicações.

**Controle de operação de TI:** os procedimentos que englobam os processos feitos por lotes realizados em dado momento devem estar documentados, programados e mantidos de forma adequada. As cópias de segurança dos programas devem estar sempre disponíveis para casos de emergência.

**Controle de segurança de TI:** tendo como base o nível do risco, devem ser elaboradas políticas de controle de acesso aos programas, aos dados e às informações.

**Controle de entrada de dados:** responsável pela redução das dúvidas que possam existir no ponto de entrada de dados do sistema de informações. Entradas erradas conduzem à saídas erradas, o que pode gerar grandes prejuízos econômico, social e humano das organizações.

**Controle de processamento:** com o pressuposto de que os dados corretos entraram no computador de forma segura, os controles de processamento são aqueles responsáveis pelos lançamentos pretendidos. Esses controles são programados dentro dos sistemas de informação, executam vários tipos de conferências, tais como sequência dos arquivos a serem processados, validação dos campos, etc.

**Controle de saída e de distribuição de informações**: para que a distribuição das informações seja realizada de maneira adequada, é necessário que se assegure que elas sejam encaminhadas ou utilizadas pelos usuários autorizados.

**Controle de gravação e recuperação de dados**: responsável pela redução da probabilidade de incidentes ou desastres que possam acontecer no ambiente produtivo. No caso de tipos triviais de incidentes, as facilidades de backups são aplicáveis para manter o sistema em funcionamento. Nos casos menos triviais ou desastrosos, os planos de desastre, contingência e recuperação de dados são utilizados a fim de abranger todas as possibilidades e ameaças.

## 18.6 Ponto de controle

O conceito de ponto de controle é fundamental para o entendimento das particularidades do trabalho da auditoria em sistemas de informação.

Ponto de controle é toda e qualquer situação ou aspecto que deva estar sujeita a um processo de análise e de avaliação a fim de obter uma validação.

Caracterizar um ponto de controle corresponde a definir o quê, como e com quais objetivos vai auditar com o propósito de obter uma validação ou emissão de parecer sobre conformidade.

Nos sistemas de informação, é necessário que o ponto de controle:

- Seja identificado, porque a compreensão das suas unidades é indispensável para a sua avaliação e validação;

- Seja caracterizado no que diz respeito aos recursos (humanos, materiais e tecnológicos), componentes (rotins, informações operacionais) e processos envolvidos;

- Se faça a análise de riscos que lhe são inerentes, levando em consideração a sua parametrização e pontos fracos que possa apresentar.

- Após a identificação do ponto de controle, interessa definir a melhor técnica de auditoria a ser utilizada, levando-se em consideração o nível do risco que é aceitável para o caso. Tendo sido aplicada a técnica de auditoria escolhida, devem ser analisados os resultados apurados e emitido um parecer sobre o ponto de controle avaliado.

## *Caso da vida real - 24*

Quase 25% das empresas não passam na auditoria de segurança

*Estudo realizado pelas empresas Axway e Ovum, com 450 executivos, mostra os riscos do distanciamento entre governança e integração da TI.*

*Um estudo realizado pelas empresas Axway e Ovum sobre segurança de dados, governança e desafios de integração nas empresas mostra que a complexidade das normas e da governança exige aumentar a proximidade com a integração da TI sob pena de ampliar riscos econômicos e de reputação nas companhias*

*Foram ouvidos 450 profissionais no mundo todo. Desse total, 23% disseram que suas empresas falharam em auditoria de segurança nos últimos três anos, e 17% não sabem ou não acreditam que podem ser aprovados em uma auditoria hoje. O estudo também revela que o custo médio total de uma violação de dados é de US$ 3 milhões.*

*"Como o volume e a velocidade dos negócios continuam crescendo, as organizações enfrentam maior risco em expor dados críticos. Além disso, exigências regulatórias e mandatórias demandam processos auditáveis transparentes e um alto nível de visibilidade e controle sobre o fluxo de dados importantes" diz Saurabh Sharma, analista senior da Ovum.*

**Nova abordagem**

*"As formas de abordagem tradicionais de gerenciamento de interações de negócios não são adequadas para atender esses requerimentos complexos e*

*aumentam, consideravelmente, a probabilidade de violação de dados e o não cumprimento das normas", completa.*

*Ao examinar as principais prioridades para os CIOs, diretores de segurança da informação, e de risco, o estudo identificou a continuidade dos negócios e a recuperação de desastres como principal prioridade (87%), seguido por proteção contra ameaças cibernéticas (85%), gestão de ameaças internas (84%) e acompanhamento do cumprimento das normas (83%).*

*Para determinar quão bem equipadas as organizações estão para lidar com essa ampla gama de prioridades de segurança de dados e de governança, foi analisada a situação atual da infraestrutura de integração e de arquivo de transferência de tecnologias das organizações.*

### Infraestrutura fragmentada

*Um dado alarmante é que a maioria das organizações (71%) tem pouca sinergia entre a estratégia de integração e a segurança, privacidade, governança e política de dados. E mais da metade das organizações relata uma infraestrutura de integração fragmentada.*

*A lista de preocupações dos usuários incluem as soluções de transferência de arquivos existentes, com questões como confiabilidade (84%), normas (77%), visibilidade e monitoração (75%) e integração (74%), listadas como os principais problemas.*

### Segurança é a chave

*Os silos de infraestrutura e de governança atuais, a necessidade de gerenciar um número crescente de tipo de integrações e problemas com soluções de envio de arquivo em vigor criaram preocupações com privacidade e segurança de dados em transferências de arquivos.*

*Entrevistados listaram a criptografia de dados (89%), a definição e aplicação de políticas de segurança (86%) e gestão de identidade e acesso (78%) como as questões mais prementes. Estas preocupações são particularmente importantes, pois como mostrou o estudo, as organizações utilizam transferências de arquivos para 32% ou mais dos processos críticos de negócios, em média.*

*"As descobertas da Ovum apontam uma luz sobre os desafios que a maioria das organizações tem hoje em atender os crescentes requerimentos de segurança de dados e conformidade, bem como os riscos de não aplicar a governança do fluxo de dados de forma eficaz", disse Dean Hidalgo, vice-presidente executivo de marketing global da Axway.*

"Com tecnologias comprovadas de gerenciamento de MFT e API, seja local ou na nuvem, e por meio da concepção de uma estratégia de integração mais unificada e abrangente, as organizações podem governar o fluxo de dados via fontes internas e externas", conclui.

Fonte:http://computerworld.com.br/gestao/2014/10/16/pesquisa-mostra-que-1-4-das-empresas-
-nao-passam-na-auditoria-de-seguranca

## Questões para discussão

1. O que é um controle interno e quais as suas finalidades?
2. Diferencie os tipos de controles internos.
3. O que é um ponto de controle e qual seu propósito?
4. Dê alguns exemplos de controle interno voltados para sistemas de informação.
5. Escolha dois controles internos da questão anterior e verifique se eles atendem aos princípios dos controles internos.

# 19

# METODOLOGIA DE AUDITORIA DE SISTEMAS DE INFORMAÇÃO

A metodologia de uma auditoria depende sempre do contexto a ser auditado. Mas de um modo geral, pode-se dizer que durante o andamento da auditoria, o auditor terá de efetuar a avaliação dos controles gerais e particulares, apontar os desvios encontrados, elaborar e validar as possíveis soluções e, por fim, redigir o relatório final que deverá ser apresentado aos responsáveis da organização. Por outro lado, os colaboradores mais diretamente implicados nessa auditoria devem fornecer as informações pedidas, compreender as razões dos desvios e falhas apontadas e se preparar para as mudanças necessárias.

Especificamente no caso de auditoria em sistemas de informação, é possível pensar em uma metodologia de trabalho que seja flexível e aderente a todas as modalidades da auditoria em sistemas de informação e que não se distancia das melhores práticas de auditoria preconizadas pelos institutos competentes.

Esta metodologia é composta pelas seguintes fases:

## 19.1. Definição do objetivo estratégico da auditoria

Definir, juntamente com a alta administração da organização qual o objetivo a ser alcançado com a ação de auditoria. Deve-se levar em consideração a abrangência das ações, o enfoque que se deseja bem como o quantitativo de sistemas a serem auditados.

## 19.2 Análise do ambiente geral

O segundo passo para uma auditoria é estudar a situação global da organização, principalmente no que se refere às atividades e condições de funcionamento da área de TI, desde a sua estrutura e funcionamento até as aplicações utilizadas.

## 19.3 Estrutura da organização

O organograma da empresa deve ser detalhadamente estudado pelo auditor, em particular o organograma da área de TI. O auditor deve verificar claramente as funções de cada colaborador, as qualificações, as remunerações, a antiguidade, o nível de experiência, a formação adquirida e as relações hierárquicas e funcionais.

É sobre essa rede de relações que funcionam os fluxos de informações que são indispensáveis para a gestão da organização, considerando que não existirão omissões ou distorções que afetem as regras de funcionamento da TI.

## 19.4 Caracterização do ambiente de operação

O auditor deve conhecer as condições em que vai desenvolver o trabalho de auditoria, notadamente no tocante aos sistemas de informação, aos equipamentos, softwares, redes de comunicação e processos existentes. Aconselha-se que sejam recolhidos documentos e informações sobre essas questões para uma análise prévia.

Para uma boa caracterização do ambiente onde a auditoria acontecerá também é importante que o auditor analise o nível de interesse da informação para o usuário final, as aplicações utilizadas, a antiguidade de cada uma delas, a respectiva documentação, as trilhas de auditoria que possam ser produzidas pelas aplicações, as bases de dados e suas inter-relações e o modo como os arquivos dos sistemas estão organizados.

## 19.5 Levantamento do sistema de informação a ser auditado

O próximo passo é identificar o sistema de informação a ser auditado (ou o conjunto de sistemas). Uma vez delimitado o escopo de trabalho, ou seja, o sistema a ser auditado, inicia-se o processo de levantamento das informações relevante sobre o sistema.

A fim de otimizar os recursos envolvidos, este levantamento deve ser feito de maneira abrangente, de forma que seja possível o entendimento macro das características do sistema. Podemos utilizar técnicas de entrevista e análise de documentação existente, colocando as informações de forma gráfica ou descritiva. Ferramentas como DFD, MER, Dicionário de dados, Use Cases, Diagramas de Classe e Sequência, Diagramas de Integração de sistemas são poderosos aliados nesta fase, pois explicam o comportamento do sistema e seus relacionamentos.

## 19.6 Identificação e inventário dos pontos de controle

Nesta etapa busca-se identificar os diversos pontos de controle que merecem ser validados no contexto do sistema escolhido. A esse processo denominamos inventário de pontos de controle.

Os pontos de controle podem ser encontrados nos documentos de entrada, relatórios de saída, telas, arquivos, banco de dados, pontos de integração e demais elementos relevantes para o sistema. Cada ponto de controle deve ser relacionado, e seus objetivos, descritos em termos de controle interno, assim como as funções que eles exercem no sistema como um todo. Devem ser identificados os seus parâmetros, suas fraquezas e técnicas de auditoria mais adequadas à sua validação.

O resultado deste levantamento deve ser encaminhado ao grupo de coordenação para uma validação de pertinência e eventual triagem para que possamos assegurar que o foco da auditoria será atingido.

## 19.7 Priorização e seleção dos pontos de controle do sistema auditado

Esta etapa consiste na seleção e priorização dos pontos de controle, que foram inventariados na etapa anterior, que devem fazer parte do trabalho a ser realizado.

A seleção dos pontos de controle pode ser efetuada com base:

- Grau de risco existente no ponto – A análise do risco consiste na verificação dos prejuízos que poderão ser acarretados pelo sistema a curto, médio e longo prazo. Grau do risco existente no ponto em relação ao sistema como um todo. Prevê, com antecedência, quais as ameaças prováveis de um ponto.

- Existências de ameaças – Podemos auditar primeiramente os pontos que se encontram sob forte ameaça e depois aqueles sob menos pressão.

- Disponibilidade de recursos – Escolha dos pontos que sejam possíveis serem auditados com os recursos destinados

Esta priorização deverá ser revisada ao longo do trabalho para verificar sua pertinência em relação ao desenrolar das atividades da auditoria.

## 19.8 Organização dos recursos necessários

O outro passo na preparação da auditoria em sistemas de informações é determinar quais recursos materiais e humanos serão necessários para a realização do trabalho de auditoria. Aqui é importante levantar a necessidade de eventuais softwares de apoio ao trabalho do auditor. O perfil da equipe de auditoria é outro ponto a organizar. Montar uma equipe que seja apropriadamente competente para o trabalho é uma melhor prática que auxilia o trabalho de campo.

## 19.9 Avaliação dos pontos de controle

Esta etapa consiste em realizar os testes de validação dos pontos de controle, segundo as especificações e parâmetros determinados nas etapas anteriores. É a auditoria de campo propriamente dita!

Devem-se aplicar técnicas de auditoria que evidenciem falhas ou fraquezas do controle interno. O emprego de ferramentas adequadas à verificação em questão pode ser necessário para atingir o resultado satisfatório. Para cada objetivo e característica do ponto de controle existe uma técnica de auditoria e ferramenta mais eficiente, conforme veremos nos capítulos seguintes.

## 19.10 Conclusão da auditoria

Ao finalizarmos a execução dos testes de validação dos pontos de controle, devemos elaborar um relatório de auditoria contendo o resultado encontrado, qualquer que seja ele.

Este relatório deve ser detalhado, destacando os problemas encontrados, as soluções possíveis e as recomendações de melhorias e/ou modificações. Embora haja diversos tipos de relatórios, de modo geral, a sua estrutura básica é composta pela introdução, a apresentação do escopo e dos objetivos da auditoria, as áreas e sistemas auditados, os indicadores de qualidade que foram aplicados a cada ponto de controle, a caracterização da situação encontrada (situação atual), descrição dos problemas verificados, comentários e recomendações corretivas que contribuam para mitigar ou eliminar as fragilidades apontadas.

O fato de um determinado ponto de controle apresentar fraqueza transforma-o em Ponto de Auditoria, fazendo-se necessário apontar no relatório de auditoria recomendações para solução ou mitigação da mesma.

Cada ponto de auditoria deverá sofrer revisão e avaliação, após um prazo dado para tomada de medidas corretivas, por parte de analistas e usuários responsáveis.

## 19.11 Acompanhamento da auditoria

O acompanhamento da auditoria (*follow-up*) deve ser efetuado até que todas as recomendações tenham sido executadas e as fraquezas tenham sido eliminadas ou atinjam um nível tolerável pela organização.

---
*Caso da vida real - 25*
---
Firewalls nunca ou raramente são auditados

Resultados de estudo recente da Tufin são desanimadores, especialmente conside-rando as consequências potenciais de pro-cessos inadequados no gerenciamento.

Aviso: se você é um Chief Security Officer (CSO) e quer dormir bem esta noite, pare de ler agora. As estatísticas a seguir podem causar pesadelos. Isso porque, a Tufin Technologies, fornecedora de soluções de segurança, aponta em pesquisa que três quartos dos profissionais envolvidos na gestão de firewall e em auditoria acreditam que seus processos de gerenciamento de segurança podem colocar a companhia em risco.

A empresa entrevistou cem profissionais de segurança de rede e concluiu que os dados são preocupantes, já que os firewalls são a primeira linha de defesa na maioria das redes corporativas. Esse cenário leva a uma pergunta. Quais processos esses executivos seguem para confiarem tão pouco no que fazem?

Cerca de 40% dos gerentes de firewall usam ferramentas automatizadas para gerenciar as mudanças de configuração. Fazer esse trabalho manualmente pode ser demorado e propenso a erros. Um terço dos entrevistados diz lidar com 50 ou mais alterações no firewall por semana, e metade dos entrevistados diz que levam uma hora ou mais, às vezes até um dia inteiro, para projetar cada mudança nesse sistema.

O estudo identificou ainda que 80% dos gestores dizem que precisam usar mais de um console de gerenciamento para executar suas tarefas. Pode-se facilmente imaginar como um gerente de segurança que supervisiona um par de firewalls gasta todo seu tempo realizando mudanças, e a falta de tempo pode levar a erros ou descuidos, aponta o levantamento.

Tempo, ou, melhor, a falta dele, é uma questão real. Quando perguntados qual é o elo fraco da segurança da rede quase 60% dos profissionais ouvidos citam a falta de tempo. Múltiplas respostas foram permitidas nessa pergunta e outro desafio citado por 55% dos gestores de segurança foi processos pobres. Quase metade dos participantes do levantamento apontaram ainda mudanças na configuração.

De acordo com Michael Hamelin, arquiteto-chefe de segurança da Tufin Technologies, uma auditoria "aumenta as chances de encontrar pontos fracos na postura de segurança e encontrar onde as políticas precisam ser adaptadas." Infelizmente, quase 20% dos gestores firewall disseram que eles não realizam auditorias, e 11% não sabem se elas são realizadas na organização. Um em cada quatro gerentes disse que nunca realizou uma auditoria do firewall.

Se os firewalls nunca ou raramente são auditados, como é que os gestores de segurança sabem se há erros de configuração ou regras conflitantes, especialmente porque 63% dos entrevistados dizem não usar ferramenta automatizada ou processo para descobri-los?

Como eles sabem quando uma alteração de configuração faz com que o tempo de inatividade de rede represente quebra de segurança? Um em cada quatro gestores identifica esses pontos quando há aumento no número de chamadas de telefone ou e-mails relatando um problema. Um em cada três tem de manualmente solucionar problemas ou identificar possíveis causas de uma ocorrência.

A pesquisa indica ainda que 85% dos entrevistados dizem que atualmente ou em breve vão começar a gerenciar firewalls de próxima geração (NGFWs), que oferecem um nível muito mais fino de granularidade nas regras. Assim, os administradores poderão definir regras explícitas sobre quem tem acesso ao que em aplicações baseadas na web.

Os resultados da pesquisa da Tufin são desanimadores, especialmente considerando as consequências potenciais de processos inadequados no gerenciamento de firewall. O relatório 2009 Verizon Data Breach Incidents Report cita "erros de configuração" e "omissões" (isso é, a incapacidade de aplicar um patch ou aderir a uma política) como fatores que levam a graves violações de dados. Especialistas de TI esperam que esse seja um alerta para as empresas aprimorarem suas políticas de segurança.

Fonte:http://computerworld.com.br/seguranca/2011/11/28/gestores-de-firewall-nao-confiam-em--nas-politicas-de-seguranca

## Questões para discussão

1. Quais os passos de uma auditoria típica?
2. Sua organização possui uma área interna de auditoria? Que metodologia ela utiliza? Qual a similaridade com a metodologia proposta?
3. Como essa auditoria auxilia a área de desenvolvimento de aplicações?
4. Diferencie, no contexto da auditoria de sistemas, uma auditoria preventiva de uma corretiva?
5. Essa metodologia pode ser aplicada a uma auditoria preventiva?

# USO DE QUESTIONÁRIOS EM AUDITORIA DE SISTEMAS DE INFORMAÇÃO

No âmbito da auditoria de sistemas de informação os questionários têm o objetivo de analisar a situação de um determinado ponto de controle a fim de verificar sua adequação aos parâmetros do controle interno tais como eficiência, eficácia, segurança, etc.

Na elaboração desses questionários é muito importante levar em consideração dois aspectos: as características do ponto de controle e a finalidade da sua análise e da detecção de suas eventuais fragilidades.

O uso de questionários é usualmente acompanhado de outras técnicas de auditoria, podendo ser aplicados à distância. Desse modo o auditor tem a possibilidade de aplicá-los a vários técnicos e usuários sobre um mesmo ponto de controle.

Na aplicação de questionários é muito importante que as perguntas sejam formuladas de modo a terem respostas quantificáveis ou pelo menos que permitam conclusões diretas. Deste modo, sempre que possível, as perguntas devem ser fechadas para que tenham apenas respostas "sim" ou "não".

## 20.1 Exemplos de questionários

A seguir, apresentaremos alguns exemplos de questionários que poderão servir de base para que o auditor elabore seus próprios questionários levando em consideração as peculiaridades dos sistemas de informação a serem auditados bem como seus pontos de controle.

Exemplos de questões para o desenvolvimento de sistemas

|  | S/N | Recomendações |
|---|---|---|
| Os usuários dos sistemas estão envolvidos na especificação da aplicação? |  |  |
| O analista responsável é identificado? |  |  |
| O analista documenta as reuniões, inclusive as deliberações? |  |  |
| Formato, meio e distribuição das informações são especificados? |  |  |
| Ambiente de software e hardware apropriados é especificado? |  |  |
| Os requisitos de segurança de informação são apropriadamente considerados? |  |  |
| Os controles internos são incorporados ao desenho do sistema? |  |  |

Exemplos de questões para aquisição de sistemas

|  | S/N | Recomendações |
|---|---|---|
| Os usuários descrevem as especificações das funções imprescindíveis do sistema? |  |  |
| As especificações são revisadas pela gerência de informática? |  |  |
| Um número considerável de fornecedores mais considerados no mercado é convidado para apresentar propostas? |  |  |
| A decisão pelo fornecedor leva em consideração os critérios de análise de custo/benefício? |  |  |

Exemplos de questões para programação

|  | S/N | Recomendações |
|---|---|---|
| Os programas são desenvolvidos de maneira consistente e de acordo com os padrões de programação segura? |  |  |
| A codificação de novos programas ou alteração de programas está sujeita à revisão? |  |  |
| Programas novos ou alterados são colocados em produção antes de estarem autorizados pelos gestores? |  |  |

Exemplos de questões para testes

|  | S/N | Recomendações |
|---|---|---|
| Existe rotina e procedimento para testar aplicativos novos ou alterados? |  |  |
| Os testes são executados com dados hipotéticos? |  |  |
| A geração de massa de teste é feita por meio de ferramenta específica? |  |  |
| Os testes são realizados, completados e analisados antes do sistema ser colocado em produção? |  |  |
| Os usuários revisam os resultados do teste e dão aceite antes do sistema ser colocado em produção? |  |  |

Exemplos de questões para documentação

|  | S/N | Recomendações |
|---|---|---|
| A documentação é atualizada e reflete exatamente o sistema em produção? |  |  |
| A documentação é suficientemente detalhada para suportar as futuras modificações no sistema? |  |  |
| As instruções ao usuário são suficientemente detalhadas para permitir a correta utilização do sistema? |  |  |
| A documentação sigilosa é armazenada em área segura? |  |  |

## Caso da vida real - 26

Gerentes de TI sofrem pressão para auditar softwares

*A Business Software Alliance (BSA) e a Microsoft estão incentivando a auditoria e o melhor gerenciamento de programas em sistemas computacionais de pequenas e médias empresas.*

A auditoria de softwares deve ser mais uma tarefa na lista dos gerentes de Tecnologia da Informação (TI). Com o intuito de reduzir o número de softwares ilegais ou pirateados rodando em computadores ou servidores corporativos, a Business Software Alliance (BSA) e a Microsoft estão tomando medidas para incentivar a auditoria e o melhor gerenciamento de programas em sistemas computacionais de pequenas e médias empresas. "A ideia é simples: faça uma auditoria", disse Anne Kelley, advogada da Microsoft, especializada em questões antipirataria.

Tanto o site da BSA quanto o da Microsoft oferecem download gratuito de ferramentas para a auditoria de softwares. "O que realmente queremos é que as empresas acrescentem a auditoria de softwares a sua lista de tarefas", disse Bob Kruger, vice-presidente da BSA, grupo que conta com empresas como Adobe, Symantec, além da própria Microsoft. "Essas ferramentas são desenvolvidas para informar quais são os softwares que se têm instalados nos computadores de uma companhia», disse Kruger.

Manter os computadores corporativos legalizados e auditados é uma tarefa importante dos gerentes de TI. Com a constante entrada e saída de funcionários e a instalação de máquinas nos diferentes setores de uma empresa, os softwares ilegais sempre encontram um caminho para chegar aos computadores ou servidores. Pelo mesmo motivo, no entanto, algumas companhias podem estar pagando por mais versões do produto do que elas realmente utilizam.

Além das campanhas promovidas por grupos como a BSA, a Microsoft envia, seguidas vezes, cartas para seus usuários solicitando que conduzam auditorias internas de softwares. O problema é que, enquanto a indústria vê essa iniciativa como um procedimento essencial para a redução dos bilhões de dólares perdidos anualmente com pirataria, algumas empresas não estão reagindo bem ao que estão considerando um «esforço invasor» para controlar seus próprios usuários.

«Se olharmos apenas o lado da Microsoft, ela está no seu direito de assegurar que seus clientes estão utilizando softwares licenciados e não pirateados», disse Dan Kusnetzky, analista da International Data Corporation (IDC). «Mas tenho conversado com algumas companhias que estão sentindo que a Microsoft não está fazendo isso para assegurar a legalidade de seus softwares, mas para encontrar uma maneira de arrancar mais dinheiro das pequenas empresas.» Ele cita a nova política de licenciamento da companhia como um estímulo a esse sentimento. Uma pesquisa do Gartner Group revelou que a mudança na política de licenciamento de softwares da gigante pode elevar os gastos com produtos da Microsoft nas companhias em até 94%.

Respondendo a outras queixas de que a auditoria de softwares poderia levar a um aumento no custo da maioria das companhias, Kruger argumentou que as empresas podem economizar em longo prazo, já que elas muitas vezes compram mais licenças do que precisam. Kruger disse ainda que ser pego com software pirata sai muito mais caro do que a compra de licenças.

Fonte:http://idgnow.com.br/ti-corporativa/2001/07/04/idgnoticia.2006-05-07.6399259941/

# 21

# FERRAMENTAS DE AUDITORIA DE SISTEMAS DE INFORMAÇÃO

As ferramentas de auditoria são poderosos aliados para a extração, sorteio, seleção de dados e transações a serem validadas, auxiliando na evidenciação de discrepâncias e desvios.

A seguir, categorizamos algumas ferramentas disponíveis no mercado e apresentamos suas vantagens e desvantagens de adoção.

## 21.1 Ferramentas generalistas de auditoria de tecnologia da informação

Softwares, de uso em ambiente batch, que pode processar, simular, analisar amostras, gerar dados estatísticos, sumarizar, apontar duplicidade e outras funções que o auditor desejar.

Vantagens do uso deste tipo de ferramentas:

- O aplicativo pode processar vários arquivos ao mesmo tempo;
- Pode processar vários tipos de arquivos em vários formatos;
- Integração sistêmica com vários tipos de software e hardware;
- Reduz a dependência do auditor em relação ao técnico em informática

Desvantagens do uso deste tipo de ferramentas:

- Em geral não podem ser utilizadas no ambiente on line;
- Se o auditor precisar executar cálculos complexos, o software generalista poderá não atendê-lo.

Alguns exemplos desse tipo de ferramenta são:

- ACL (Audit Command Language) – Software para extração e análise de dados, desenvolvido no Canadá.

- IDEA (Interactive Data Extraction & Analisys) – Software para extração e análise de dados, também desenvolvido no Canadá.

- Audimation – Versão americana do IDEIA, feita pela Caseware. Permite importar, juntar, analisar amostras, extrair dados de quase qualquer fonte, incluindo relatórios impressos em um arquivo. Possui recursos para detectar fraudes, avaliar riscos, testar controles internos e conformidade com as políticas internas e regulatórias.

- Galileo – Software integrado de gestão de auditoria. Inclui gestão de risco de auditoria, documentação e emissão de relatórios para auditoria interna.

- Pentana – Software de planejamento estratégico de auditoria com planejamento e monitoramento de recursos, controle de horas, registro de *checklists* e programas de auditoria, inclusive de desenho e gerenciamento de plano de ação.

## 21.2 Ferramentas especializadas de auditoria

Software desenvolvido especificamente para executar certas tarefas numa circunstância definida. Pode ser desenvolvido pelo próprio auditor, pelo especialista da empresa ou por terceiro contratado para este fim.

Vantagens do uso deste tipo de ferramentas:

- Interessante para atender a demandas mais específicas como crédito imobiliário, leasing, cartão de crédito e outras funções que exijam tarefas especializadas no segmento de mercado.

Desvantagens do uso deste tipo de ferramentas:

- Pode ser muito caro, uma vez que seu uso será limitado ou restrito a apenas um cliente;
- As atualizações deste software podem se transformar em um problema.

Alguns exemplos desse tipo de ferramenta são:

- **TrackWise-** é um software de auditoria que permite os fabricantes a tomar uma melhor abordagem prática para compliance e gestão de risco. Também suporta todos os programas de auditoria interna com uma abordagem de gestão de auditoria corporativa única. Software de auditoria interna auxilia os auditores para planejar e executar auditorias de conformidade de forma mais eficiente, proporcionando um sistema de monitoramento integrado e um poderoso motor de fluxo de trabalho que automatiza todas as etapas do ciclo de vida de auditoria, incluindo a programação, preparação, auditoria, relatório de aprovação, o relatório de emissão e o rastreamento da resposta e a ação corretiva.

- **Lynis-** é uma ferramenta de auditoria de segurança de código aberto. Comumente usado por administradores de sistema, profissionais da segurança e auditores, para avaliar as defesas de seus sistemas baseados em Linux / Unix segurança. Ele é executado no próprio hospedeiro, por isso realiza mais extensas análises de segurança do que scanners de vulnerabilidade.

- **Acunetix-** é uma ferramenta especialista de auditoria. Também é uma ferramenta heurística concebida para replicar a metodologia dos hackers na localização de vulnerabilidades críticas nas aplicações. É um scanner de site, em busca de vulnerabilidades. O scanner procura falhas críticas e leves. Entre os ataques que ele verifica se o site está vulnerável estão: *Ddos, sql injection, php injection* entre outros. É utilizado tanto por crackers quanto desenvolvedores de site para verificar eventuais falhas. No caso dos desenvolvedores, para corrigi-las, enquanto os crackers, para aproveitá-las e efetuar uma invasão.

- **Nikto**- é um software de código aberto que funciona como um scanner de servidor web que realiza vários testes em servidores na web analisando muitos itens, que incluem 6.500 CGIs ou arquivos potencialmente perigosos. Ele também verifica a existência de versões desatualizadas de cerca de 1.250 servidores, verifica cerca de 270 tipos diferentes de problemas em servidores específicos.

- **MxHero**- é uma ferramenta de gerenciamento, controle e auditoria de e-mails corporativos. O sistema permite controlar fluxo de envio e recebimento de e-mails, ameaças de spam e vírus e visualização de quem os colaboradores estão recebendo e enviando e-mails.

- **W3aF**- é um aplicativo da Web Attack and Audit Framework. O objetivo do projeto é criar um framework para ajudar a proteger suas aplicações na web por meio da busca e exploração de todas as vulnerabilidades de aplicativos web.

- **NetSparker**- é uma ferramenta de auditoria capaz de encontrar e relatar problemas de segurança, tais como *SQLInjection e Cross-Site Scripting* em todas as aplicações web, independente da plataforma e tecnologia em que foram construídas.

- **WebScarab**- ferramenta produzida pela OWASP especialista em testar a segurança de aplicativos baseados em protocolos HTTP e HTTPS. Uma de suas funcionalidades é interceptar uma requisição e torná-la acessível ao usuário, que pode analisar e até mesmo alterar suas caraterísticas, antes de enviar ao destino.

## 21.3 Programas utilitários em geral

Softwares utilitários para executar algumas funções muito comuns de ordenar um arquivo, concatenar textos, sumarizar, gerar relatórios. Vale ressaltar que estes recursos não são desenvolvidos especificamente para auditoria e, portanto, não têm recursos tais como verificação de totais de controle ou gravação de trilhas de auditoria.

Vantagem do uso deste tipo de ferramentas:

- Podem ser utilizados como "quebra-galho" na ausência de outro recurso.

Desvantagens do uso deste tipo de ferramentas:

- Sempre necessitará do auxílio do usuário e do analista de sistema.

## Caso da vida real - 27

Whitelisting: a mais nova ferramenta de segurança do seu arsenal

*Phishing, Cavalo de Troia e outros ciberataques estão crescendo em número e sofisticação aparentemente dia a após dia. Empresas como RSA, Sony, Lockheed e Citicorp passaram por momentos embaraçosos neste ano. E estão apenas na ponta do iceberg.*

*Na nova pesquisa do Ponemon Institute, 90% dos 581 profissionais de segurança empresarial nos EUA e Europa enfrentaram ao menos uma violação em 2010, sendo que 56% dos entrevistados afirmaram ter acontecido mais de uma vez.*

*As boas notícias? Os orçamentos para segurança subiram de 7% da verba de TI para 14% entre 2007 e 2010, de acordo com um estudo da ABI Reseasch.*

*Esse é o nível macro. No nível micro, uma solução que não estava pronta para a estreia agora está dando aos CIOs algo novo para pensar - e gastar.*

*Essa estratégia é chamada de aplicação de whitelisting, por alguns, e aplicação de controle, por outros. A ferramenta não é apenas mais uma para sua coleção, mas sim uma maneira de pensar em segurança como um todo, de acordo com Thorsten Behrens, arquiteto de segurança de infraestrutura na provedora de serviços de TI Carousel Industries.*

*Nova maneira de pensar em segurança*

*Ferramentas como antispam e antivírus usam uma lista negra (blacklist) para proteger você contra intrusões. Você informa quais programas e usuários você não quer permitir e as ferramentas os mantêm afastados.*

*Mas esse conceito exige que você conheça os caras maus, e as ferramentas precisam de atualização constante. Mesmo assim, há espaços a serem ex-*

plorados entre o alerta de patch e o update, sem mencionar os ciberataques zero-days, que buscam e exploram as brechas de segurança antes que as fabricantes lancem patches para corrigi-las.

O whitelisting é o contrário do blacklisting. Ele permite que apenas códigos pré-aprovados funcionem, automaticamente, negando a entrada de qualquer executável que não esteja cadastrado. Como funciona em nível executável, o whitlisting não vai responder a um arquivo não listado. Isso significa que a ferramenta não executa vírus, Cavalos de Troia e spywares que dependem de usuários para inadvertidamente fazerem o trabalho sujo.

*Crescimento do whitelisting*

O whitelisting não é um conceito novo. Variações foram usadas em redes LAN e por provedores de internet para filtrar SPAM. Para a TI empresarial a necessidade de mais proteção cresce dia a dia. Isso acontece pois, o volume de códigos mundiais maliciosos ultrapassou o número de códigos legítimos alguns anos atrás.

Entretanto, a porção das equipes de TI que adotou o whitlisting foi menor que o esperado, na maioria dos casos, porque usuários temem que o recurso restrinja o trabalho diário. Um programa de whitelisting pode de repente se negar a abrir um arquivo de um aplicativo diferente, por exemplo, exigindo que o usuário peça aprovação, portanto, perdendo tempo. Ou, possivelmente, afete muitos usuários se uma atualização de software não constar a tempo na listagem.

Podem ser reclamações válidas para produtos novos, mas os fornecedores de hoje resolveram vários problemas do whitelisting. Normalmente eles dão a você a habilidade de automaticamente incluir os updates de fornecedores confiáveis e configurar o PC para incluir na lista da ferramenta arquivos como PCI. E eles darão a você mais flexibilidade para permitir acesso a grupos de usuários.

*"Digamos que um computador que é complacente com PCI tenha certos aplicativos para processar pagamentos. Se eles são web, vão apenas incluir o navegador na whitelist, e o que eles precisam para acessar e-mails, o aplicativo de processo de pagamento e o sistema operacional"*, diz Behrens.

*Por outro lado, um grupo de usuários com privilégios pode conseguir acessibilidade mais abrangente, incluindo aprovar os aplicativos que quiserem. "Eu tenho privilégios. Preciso instalar coisas o tempo todo, então preciso aprovar os aplicativos por conta própria para fazer meu trabalho"*, disse Behrens.

*Portanto, a nuvem de TI dá a ele, um usuário com privilégios, incluindo a habilidade de inserir um novo aplicativo na whitelisting, para ele mesmo ou para um grupo. Mas a ação dele também estará sujeita a aprovação no gerenciamento.*

*Deixando de lado os novos produtos e recursos, a aceitação do whitelisting ainda pode ser difícil por quem instintivamente nega adicionar mais controles de segurança.*

*O whitelisting pode ser bom para você e para empresas, mas é bom para eles? Essa é a primeira pergunta que você precisa responder, antes de qualquer implementação. Na verdade, essa é uma das muitas práticas a considerar na preparação para o whitelisting. Entre as outras, estão:*

*- Ser proativo com os usuários - não espere que a nova tecnologia seja aplaudida simplesmente por ser nova; em vez disso, seja claro na explicação do que é, como funciona e por que devem usá-la. Deixe-os se sentirem orgulhosos em proteger a propriedade intelectual da empresa e outros dados importantes, porque o sucesso da companhia se traduz diretamente em salários e bônus.*

*- Avaliar e preparar o suporte de infraestrutura de TI - Quanto melhor for*

a equipe de TI em atualização de softwares, help desk e manutenção de padrões para softwares e hardwares, mais provável será que a implementação da whitelisting seja suave. Também esteja pronto para um aumento temporário de ligações solicitando help desk. É inevitável após novas implantações.

- Desenvolver um plano de implementação - Se você quer fazer uma implementação de teste para começar, selecione um grupo que lide com dados importantes: assim como HIPAA para companhias de planos de saúde, ou diagramas de propriedade intelectual para fabricantes. Pise com cuidado no novo território, usando o modo de software de auditoria, em vez do modo de aplicação para sinalizar os desvios na política. Com o modo de auditoria, os desvios são informados a TI, enquanto o modo de aplicação simplesmente desativa o aplicativo. Algumas empresas usam whitelisting em modo de auditoria permanentemente.

Você deve usar o whitelisting para estender a atual infraestrutura, não para substituir qualquer outro componente. Mais do que nunca, as empresas precisam de toda a ajuda que puderem ter, e para um especialista como Behrens isso quer dizer uma estratégia de defesa profunda.

Assim como o plano inclui antivírus e detectores de SPAM na linha de frente, devem ter funções como detecção de intrusão, anomalias e correlação logo na linha de trás. Isso significa ter um plano de reação contra violações para não precisar reagir sob estresse extremo a um ciberataque. E isso requer treinamento, regular e paciente, de usuários para que os funcionários possam aceitar o fato de que não poder jogar Angry Birds é um preço pequeno a pagar por um ambiente de trabalho estável.

Fonte:http://cio.com.br/gestao/2011/07/12/whitelisting-a-mais-nova-ferramenta-de--seguranca-do-seu-arsenal/

## Questões para discussão

1. Como as ferramentas podem auxiliar o trabalho do auditor?
2. Sua organização utiliza alguma ferramenta de auditoria? Quais?
3. Pesquise outras ferramentas de auditoria em sistemas de informação e apresente para sua turma suas vantagens e desvantagens?

# PARTE IV

# PLANOS E POLÍTICAS DE SEGURANÇA

# 22
# TÉCNICAS DE AUDITORIA EM SISTEMAS DE INFORMAÇÃO

Embora existam várias técnicas de auditoria, procuramos apresentar algumas delas como subsídio para uma primeira abordagem de auditoria.

## 22.1 Dados de teste

Também conhecida por *"test data"* ou *"testdeck"*, envolve o uso de um conjunto de dados especialmente projetados e preparados com o objetivo de testar as funcionalidades de entrada de dados do sistema. Após o processamento do arquivo devem-se verificar os resultados obtidos com os planejados. Esta técnica pressupõe que os dados sejam abrangentes e verifiquem principalmente os limites de cada intervalo permitido para as variáveis. Quanto mais combinações de transações puderem ser feitas no arquivo de carga maior será a cobertura do teste. Normalmente aplicada no ambiente batch.

***Vantagens:*** Os dados podem ser elaborados por pessoas que possuem um mínimo de conhecimento técnico de informática. Existem softwares que auxiliam na geração de dados e tornam a tarefa bastante simples.

***Desvantagens:*** Dificuldade em planejar e antecipar todas as combinações de transações que possam acontecer em ambiente de negócios das empresas.

## 22.2 Facilidade de teste integrado

Também conhecida por *Integrated Test Facility* (ITF), é mais bem aplicada em ambiente *on line* e *realtime*. Os dados de testes são introduzidos nos ambientes reais de processamento utilizando-se versões correntes da produção. O teste envolve a aplicação de entidades fictícias, tais como funcionários fantasmas na folha de pagamento ou cliente inexistente nas contas a receber. Os dados no processamento de transações reais são confrontados com os dados fictícios e os resultados comparados com os predeterminados. Esta facilidade evita que se atualizem as bases reais da organização com os dados fictícios criando-se arquivos de resultados em separado. Este procedimento é utilizado em ambiente de produção normal sem a anuência dos operadores ou do gerente de produção.

***Vantagens:*** Não acarreta custo adicional ou ambiente de processamento exclusivo, pois funcionam no ambiente de produção das empresas.

***Desvantagens:*** Os efeitos das transações precisam ser estornados, dando trabalhos adicionais e operacionais quando são misturados com dados reais; A quantidade e número de dados fictícios incluídos no ambiente de produção deve ser limitada a fim de não comprometer o desempenho do sistema em produção; Existe a possibilidade de se contaminar dados reais com dados fictícios no ambiente de produção da empresa, causando grande transtorno para a organização.

## 22.3 Simulação paralela

Envolve o uso de um programa especialmente desenvolvido que, comprovadamente, atenda a todas as lógicas necessárias para o teste, simulando as funcionalidades do programa em produção. Faça o processamento das transações e/ou dados nos dois programas e compare os resultados. É posível utilizar a técnica para rotinas que apresentam resultados recorrentes que são incoerentes. Neste processo, o auditor desenvolve o próprio programa para fazer execução paralela de dados atuais.

*Vantagens:* Os testes podem ser feitos in *loco;* custos relacionados com a preparação de massa de dados ou dados fictícios que tomam tempo nas técnicas anteriores não existem, visto que o programa opera em ambiente real; pode-se processar um grande volume de dados dos auditados, eliminando dúvidas que amostras pequenas e não abrangentes possam apresentar; Teste mais detalhado e mais representativo, dando maior segurança para o auditor.

*Desvantagens:* Usualmente executa-se simulação paralela com uma porção do total das transações de uma aplicação, não dando chance para um julgamento representativo; o auditor necessitaria de uma habilidade específica para executar uma operação paralela, atentando para prever um impacto negativo sobre operações que não é desejado.

## 22.4 Lógica de auditoria embutida nos sistemas

Significa incluir a lógica de auditoria nos sistemas na fase de desenvolvimento. Relatórios de auditoria e log´s dos sistemas podem ser impressos periodicamente para revisão e o acompanhamento dos procedimentos operacionais.

*Vantagens:* Todas as atividades do sistema podem ser monitoradas permanentemente com simples acesso do auditor; não apresenta restrições quanto à entrada de dados que podem ser incluídos; um dos métodos mais eficientes e eficazes de fazer auditoria.

*Desvantagens:* Implantação da lógica de auditoria embutida nos sistemas exige custo adicional no desenvolvimento do sistema, na utilização dos recursos de máquinas e até mesmo perda de desempenho.

## 22.5 Rastreamento e mapeamento

Também conhecida por *accountability*, consiste em criar e implementar de uma trilha de auditoria para acompanhar os principais pontos da lógica do processamento das transações críticas registrando seu comportamento e resultados, para análise futura. As trilhas de auditoria são rotinas de controle que permitem recuperar de forma inversa as informações processadas, por meio da reconstituição da composição das mesmas, devidamente demostradas, tanto de forma sintética quanto analítica, se forem necessárias.

*Vantagens:* Ajuda na avaliação dos controles internos que devem ser seguidos; permite criar alertas quanto à aplicação de controles operacionais e seus cumprimentos; pode ser utilizada tanto em ambiente de teste como no ambiente de produção.

*Desvantagens:* Exige que o auditor tenha habilidade avançada de tecnologia de informação para que possa interpretar as lógicas de programação; aumenta o tempo de processamento de transações.

## 22.6 Análise da lógica de programação

Consiste, basicamente, a verificação da lógica de programação para certificar que as instruções dadas ao computador são as mesmas já identificadas nas documentações dos sistemas aplicativos.

Essa técnica pode ser feita manualmente nos principais programas do sistema ou nos mais críticos para o negócio ou pode ser suportada por ferramentas automatizadas.

## Caso da vida real - 28

Quais as tecnologias de segurança estão em alta e em queda?

*Forrester mostra cinco ferramentas que devem ser adotadas pelos Chief Security Officers e as que precisam ser abandonadas por não atenderem ao atual cenário com redes sociais, consumerização e nuvem.*

*O crescimento das redes sociais, da consumerização e uso de cloud computing aumentou os desafios dos Chief Security Officers (CSOs). Eles estão sendo obrigados a rever as políticas de segurança e também a buscar ferramentas de proteção mais eficientes que atendem as necessidades do atual cenário. Muitos dos sistemas existentes na empresa podem estar defasados e terão de ser abandonados dentro de um a cinco anos, prevê o estudo TechRadar da Forrester.*

*A pesquisa levantou dez tecnologias de segurança da informação conhecidas dos CSOs e listou cinco delas que estão em alta e outras cinco em queda, conforme você confere a seguir.*

**Tecnologias de segurança em alta:**

*1 – Ferramentas de configuração de auditoria*

*Segundo a Forrester, os sinais não são muito visíveis agora, mas daqui a três ou cinco anos as ferramentas de auditoria terão adoção mais ampla. Elas serão mais procuradas devido ao número crescente de violações de segurança de dados e por causa do atual ambiente regulatório.*

*2 – Análise de malware*

*As avaliações para resposta a incidentes e gestão de vulnerabilidades vão exigir um uso maior dessas tecnologias nos próximos anos. Analistas das Forrester afirmam que as ameaças estão aumentando e que as organizações terão de ser mais certeiras na inspeção de tráfego de rede.*

*3 – Criptografia de rede*

*Embora a criptografia de rede esteja presente nos sistemas de infraestrutura, como roteadores e switches, a Forrester constata uma procura maior por sistemas autônomos para realizar essa tarefa. Como fatores de adoção, a consultoria destaca as exigências regulatórias para cifrar e proteger os dados.*

*Dentro de um a três anos, esse mecanismo deverá se tornar uma tendência independente da pressão de conformidade com as regras e padrões internacionais, principalmente pelas grandes companhias que precisam ser mais rigorosas com o controle de dados confidenciais.*

*4 – Modelagem preditiva de ameaças*

*Esse conceito ainda é relativamente novo. Em razão disso, as organizações precisam fazer análises sobre a maneira mais correta de proteger dados, fazendo a modelação proativa de ameaças, diz a Forrester. Em três a cinco anos, pode passar para outro patamar. Contudo os "custos e a complexidade de ferramentas de modelagem de ameaças atuais ainda são uma barreira para que as empresas abracem esta nova tecnologia", explica a consultoria.*

*5 – Mitigação de ataques DDoS (negação de serviço distribuído)*

*Embora a indústria ofereça há algum tempo produtos para evitar ataques DDoS, a Forrester constata que ainda há poucas soluções efetivas para combater esse problema. Mas, devido ao aumento do fenômeno dos "ativistas cibernéticos", as ofertas para proteção de DDoS tendem a crescer, especialmente pela modalidade de serviço.*

## Tecnologias de segurança em queda:

*1 – Controle de acesso de rede*

*A Forrester acredita que as tecnologias NAC (Network Access Control) individualizadas vão desaparecer nos próximos cinco a dez anos. Elas só conseguirão sobreviver se forem integradas às suítes ou em sistemas de infraestrutura.*

*Pelas projeções da Forrester, apenas 10% dos tomadores de decisão de TI irão implementar NAC nos próximos 12 meses. "As soluções são difíceis de implantar, dimensionar e gerir". Há muitas arquiteturas NAC e as abordagens requerem integração com componentes de infraestrutura de rede", aponta o estudo da consultoria. "Os sistemas de NAC convencionais não conseguirão barrar as pessoas mal-intencionadas em busca de ganhos financeiros", alerta a estudo.*

*2 – Transferência segura de arquivos*

*A necessidade de transferir e compartilhar arquivos de forma segura entre parceiros de negócios é cada vez maior. Mas em três a cinco anos, a colaboração será mais por meio de serviços baseados em cloud computing, em vez de ser por appliances, de acordo com a Forrester.*

*3 – Gestão unificada de ameaças*

*Embora bastante usada em pequenos escritórios e filiais na implementação de redes locais, os sistemas de gestão unificada de ameaças (Unified Threat Management – UTM) se tornarão ultrapassados. Eles deverão ser substituídos por gateways de segurança que hoje são equipados com firewall integrado e capacidade para detectar intrusões. Segundo a Forrester, de um a três anos essas plataformas evoluirão para enfrentar maiores desafios empresariais.*

*4 – Firewall tradicional*

*O mercado de firewall tradicional ficará ultrapassado com o aumento dos sistemas de nova geração. A consultoria prevê uma substituição dessa tecnologia nos próximos dez anos. O firewall convencional continuará sendo a peça mais importante de ciberdefesa, pelo menos nos próximos cinco anos.*

*5 – Prevenção de intrusão (como dispositivo individualizado)*

*A Forrester constata que o mercado para sistemas ou dispositivos individualizados de prevenção de intrusão (Intrusion Prevention Systems) está em declínio – apesar do seu sucesso e de os sistemas serem desenvolvidos pelas maiores empresas do mundo.*

*Essas tecnologias vão desaparecer nos próximos cinco ou dez anos. Isso acontecerá com integração de gateways multifuncionais e firewalls, os especialmente de nova geração.*

Fonte:http://computerworld.com.br/seguranca/2012/05/20/quais-as-tecnologias-de-seguranca-
-estao-em-alta-e-em-queda

## Questões para discussão

1. Cite algumas situações em que cada um das técnicas deveria ser aplicada.
2. Quais dessas técnicas são mais indicadas para sistemas na web?
3. Com base no caso da vida real, pesquise e apresente a sua turma outras técnicas de auditoria em sistemas de informação.

# 23

# MELHORES PRÁTICAS DE AUDITORIA DE SISTEMAS DE INFORMAÇÃO

A falta de padrões para a auditoria de sistemas de informação dificulta muito a vida desses profissionais de auditoria. Essa despadronização pode ser explicada pelos seguintes fatos: a) auditoria de sistemas de informações sempre foi concebida como parte da auditoria geral das organizações; b) as normas de auditorias geralmente aceitas especificamente em relação à execução dos trabalhos de auditoria não tratam isoladamente auditoria de sistemas e sim como parte do processo de auditoria; e c) auditoria de sistemas nunca foi vista como profissão isolada e sim um avanço nos trabalhos de auditoria normal para acompanhar a aplicação de tecnologia de informações pelas organizações.

Como ainda não está convencionado um padrão que seja aceito para auditoria de tecnologia de informação, várias associações apresentam regras do exercício da profissão, que geralmente norteiam a atuação de seus membros.

## 23.1 Comitê de Padrões da Associação de Controle e Auditoria de Tecnologia da Informação

O Comitê de Padrões da Associação de Controle e Auditoria de Tecnologia de Informaçao dos Estados Unidos emitiu as recomendações, que transcrevemos abaixo, à cerca dos trabalhos do auditor de tecnologia da informação:

**Responsabilidade, autoridade e prestação de contas** - A responsabilidade, a autoridade e a prestação de contas sobre a função de auditor de tecnologia de informação devem ser apropriadamente documentadas numa carta proposta ou de aderência ao escopo.

**Independência profissional** - Em todas as questões relativas à auditoria, o auditor de tecnologia de informação deve ser independente, seja em atitude ou aparência. No relacionamento organizacional a função de auditor de tecnologia de informação deve ser suficientemente independente da área sob auditoria para permitir uma conclusão objetiva da auditoria.

**Ética profissional e padrões** - O auditor de TI deve aderir ao código de ética profissional da Associação de Controle e Auditoria de Tecnologia de Informação, atentando para o cumprimento do zelo profissional. O devido zelo profissional e a observância dos padrões profissionais de auditoria devem ser exercidos em todos os aspectos do trabalho do auditor de tecnologia de informação.

**Competência** - O auditor de tecnologia de informação, no uso de suas habilidades e conhecimentos, deve ser competente tecnicamente, possuindo habilidades e conhecimentos necessários para a execução do trabalho do auditor. O auditor de tecnologia de informação ainda deve manter a competência técnica através de constante aprimoramento profissional por via educação continuada.

**Planejamento** – O auditor de tecnologia de informação deve planejar suas tarefas para direcionar os objetivos da auditoria e seguir os padrões profissionais de auditoria aplicáveis. Sua equipe deve ser supervisionada apropriadamente para assegurar que os objetivos de auditoria sejam alcançados e os padrões profissionais de auditoria aplicáveis sejam respeitados.

Durante o curso da auditoria, o auditor de tecnologia de informação deve obter evidência suficiente confiável, relevante e proveitosa para alcançar efetivamente os objetivos da auditoria. Os pontos e conclusões da auditoria devem ser fundamentados por meio de análise e interpretação apropriadas desta evidência.

*Emissão de relatório* - *O auditor de tecnologia de informação deve prover um relatório, em forma apropriada, para os destinatários, por ocasião da conclusão do trabalho de auditoria O relatório de auditoria deve apresentar escopo, objetivos, período de abrangência, natureza e extensão do trabalho executado. Deve identificar à organização os usuários desejáveis e quaisquer restrições à sua circulação. Ainda, neste relatório devem-se incluir as observações, conclusões, recomendações e quaisquer ressalvas ou conceitos que o auditor possua a respeito da auditoria.*

*Atividades de follow-up* - *O auditor de tecnologia de informação deve requisitar e avaliar informações apropriadas sobre pontos, conclusões e recomendações anteriores e relevantes para determinar se ações apropriadas foram implementadas em tempo hábil.*

## 23.2 Associação de Auditores de Sistemas & Controles (ISACA)

A Associação de Auditores de Sistemas e Controles estabeleceu o código de ética profissional para guiar seus membros na condução de suas atividades profissionais. De acordo com o disposto do Código, os membros da ISACA devem:

- apoiar a implementaçao e encorajar o cumprimento com os padrões sugeridos dos procedimentos e controles dos sistemas de informações;

- exercer suas funções com objetividade, diligência e zelo profissional de acordo com os padrões profissionais e as melhores práticas;

- servir aos interesses dos stakeholders de forma legal e honesta, atentando para a manutenção de alto padrão de conduta e caráter profissional, e não encorajar atos de descrédito à profissão;

- manter privacidade e confidencialidade das informações obtidas no decurso de suas funções, exceto quando exigido legalmente. Tais informações não devem ser utilizadas em vantagem própria ou entregue a pessoas desautorizadas;

- manter competência nas respectivas especialidades e assegurar que nos seus exercícios somente atua nas atividades em que tenha razoável habilidade para competir profissionalmente;

- informar partes envolvidas sobre os resultados de seus trabalhos, expondo todos os fatos significativos que tiver a seu alcance;

- apoiar a conscientização profissional dos stakeholders para auxiliar sua compreensão dos sistemas de informações, segurança e controle.

# 24

# AUDITORIA NO PROCESSO DE DESENVOLVIMENTO DE SISTEMAS DE INFORMAÇÃO

Auditoria durante o desenvolvimento consiste em revisar e avaliar o processo de construção dos sistemas de informação, o método e a metodologia utilizados para o ciclo de vida do desenvolvimento do aplicativo.

Questões como segurança física, confidencialidade, observação da legislação, eficiência das técnicas e ferramentas utilizadas devem ser observadas neste trabalho.

Com base no método apresentado nos capítulos anteriores e levando em consideração a característica peculiar da auditoria em sistemas de informações apresentamos um resumo das atividades a serem desenvolvidas durante a auditoria no processo de desenvolvimento de sistemas de informação.

## 24.1 Planejamento

Formação das equipes de coordenação e execução. A primeira deve ser formada pelos principais gestores do sistema em desenvolvimento, pelo analista responsável, pelo responsável pela área de desenvolvimento e pelo gestor da TI. Suas responsabilidades são basicamente: programar e coordenar os trabalhos de auditoria, definindo escopo e abordagem que deve ser utilizada durante o mesmo.

A equipe de execução deverá ser formada pelos auditores, analistas, desenvolvedores, técnicos e especialistas no negócio em questão. Suas responsabilidades são de elaborar um cronograma detalhado das atividades, levantar os recursos necessários ao trabalho e realizar a auditoria conforme determinado pela equipe de coordenadores.

## 24.2 Levantamento do ambiente de desenvolvimento do sistema a ser auditado

O levantamento consiste em reunir todas as informações necessárias ao trabalho de auditoria, tais como: a metodologia utilizada para desenvolver sistemas, seus artefatos, formulários, procedimentos, normas, ferramentas, padrões de documentação, etc.

## 24.3 Inventário e eleição dos pontos de controle no ambiente de desenvolvimento de sistemas

Identificar os pontos de controle e realizar a análise de risco para estabelecer as prioridades de avaliação.

Pontos de controle típicos neste tipo de auditoria são:

- Metodologia de desenvolvimento
- Especificação de requisitos do sistema
- Projeto lógico e físico
- Construção e testes
- Gerência do projeto
- Plano de implantação e treinamento
- Controle de versão, etc.

## 24.4 Avaliação dos pontos de controle

Como os objetivos deste tipo de auditoria são de avaliar e revisar os controles internos relevantes para a boa prática do desenvolvimento de sistemas de informação, proporcionando o uso adequado dos recursos humanos, materiais e tecnológicos envolvidos, é necessário recolher evidências concretas de fraquezas nestes quesitos.

A análise da qualidade da documentação gerada ao longo do processo é de fundamental importância, pois não basta produzir os produtos previstos em cada fase da metodologia de desenvolvimento de sistemas, é preciso gerar artefatos, que de fato, espelhem a arquitetura e funcionalidade do sistema em desenvolvimento.

## 24.5 Conclusão e acompanhamento da auditoria

Nesta etapa é concluído o relatório final de auditoria. Esse instrumento será a base para o acompanhamento do processo de correção ou mitigação das fraquezas encontradas no processo de desenvolvimento de sistemas de informação.

# 25

# AUDITORIA DE SISTEMAS DE INFORMAÇÃO EM PRODUÇÃO

A auditoria de sistemas em produção consiste em revisar e avaliar os processos e os resultados do sistema de informação sob a ótica do controle interno, ou seja, segurança lógica, física, fidedignidade da informação, confidencialidade, atendimento à legislação vigente, eficiência e eficácia. Podemos considerar os processos como sendo as rotinas e/ou conjunto de programas que executam uma função do sistema e os resultados como sendo os relatórios, consultas, formulários e arquivos gerados pelo sistema de informação.

Com base no método apresentado nos capítulos anteriores e levando em consideração a característica peculiar da auditoria em sistemas de informações apresentamos um resumo das atividades a serem desenvolvidas durante a auditoria em sistemas de informação no ambiente de produção.

## 25.1 Planejamento

Formação das equipes de coordenação e execução. A primeira deve ser formada pelos principais gestores do sistema de informações que será auditado, pelo analista responsável, pelo responsável pela área de produção de TI e pelo gestor da TI. Suas responsabilidades são basicamente: programar e coordenar os trabalhos de auditoria, definindo escopo e abordagem que deve ser utilizada durante o mesmo.

## 25.2 Levantamento do sistema a ser auditado

O levantamento consiste em reunir todas as informações necessárias ao trabalho de auditoria. Para tal, podemos recuperar o DFD, MER, Dicionário de dados, Use Cases, Diagramas da UML, esquemas do banco de dados, realizar entrevistas e outros documentos que forneçam as informações relevantes sobre o sistema em questão.

Este levantamento não precisa se preocupar com os detalhes, apenas com os artefatos que possibilitem o entendimento dos conceitos, arquitetura e outros elementos relevantes do sistema. O detalhamento será feito apenas no momento da auditoria do ponto de controle escolhido.

## 25.3 Inventário e eleição dos pontos de controle

Com base nos pontos levantados no item anterior, inicia-se a escolha dos pontos de controle que serão alvos da auditoria em questão, ou seja, pontos que devem ser validados pela auditoria.

Em geral, esses pontos giram em torno da captação e/ou entrada de dados, transmissão, processamento, armazenamento, apresentação e divulgação das informações.

Para sistemas *batch* podemos acrescentar os seguintes controles: rotina de preparação de dados, rotina de conversão de dados, críticas e consistência de dados, arquivo mestre, etc.

Para sistemas *on line* podemos ter: rotina de senha de acesso e identificação de usuários, manutenção de banco de dados, telas, relatórios, etc.

A escolha de cada ponto de controle deve levar em consideração uma análise de riscos, ou seja, quais pontos oferecem maior risco ao sistema ou ao negócio em questão.

## 25.4 Avaliação dos pontos de controle

É a auditoria propriamente dita. O exame de cada ponto de controle é efetuado utilizando as técnicas de auditoria vistas anteriormente. O resultado desta ação apontará a validação ou a descoberta de fraquezas do ponto de controle.

É necessário que se obtenha evidências concretas de cada fraqueza encontrada com relação a cada ponto de controle.

## 25.5 Conclusão e acompanhamento da auditoria

Nesta etapa é concluído o relatório final de auditoria. Esse instrumento é a base para o acompanhamento do processo de correção ou mitigação das fraquezas dos pontos de controle.

# 26
# AUDITORIA NO DESENVOLVIMENTO DE SISTEMAS DE INFORMAÇÃO

Uma função de desenvolvimento bem controlada tem procedimentos estabelecidos e metodologias para o desenvolvimento de novos sistemas e/ou aquisição do mesmo no mercado. Essas metodologias incluem processos que permitem alteração dos sistemas existentes, inclusive teste e documentação de sistemas novos.

É importante a participação do auditor desde o início do desenvolvimento de sistemas de informação ou do processo de seleção para aquisição, pois desta forma será possível recomendar o aperfeiçoamento dos controles internos ainda no seu início, evitando modificações no sistema depois de pronto.

A auditoria durante o desenvolvimento de sistemas tem o papel de promover a adequação, avaliação e apresentação de recomendações para o aprimoramento de controle interno nos sistemas de informação da empresa, assim como na utilização dos recursos humanos, materiais finaceiros e tecnológicos envolvidos no processo de construção de sistemas de informação.

Esta lógica pode ser estendida para a manutenção e a documentação dos sistemas de informação

O trabalho realizado dentro deste escopo faz com que a auditoria tenha uma característica preventiva de ocorrência de operações e procedimentos indevidos durante a operação normal do sistema de informação.

# 27
# PLANO DIRETOR DE SEGURANÇA

Este plano é a primeira inciativa para quem pretende gerir a segurança da informação de maneira organizada. Este documento deve ser dinâmico e flexível a fim de poder ajustar-se às novas necessidades de segurança que venham surgir no contexto corporativo.

O Plano Diretor de Segurança (PDS) deve fornecer orientações sobre como a organização vai se portar frente à segurança da informação. Atividades que devem ser executadas para suprir as necessidades de segurança do negócio e fazer com que a corporação funcione sob o risco controlado e em nível tolerado. Ou seja, cada organização deve produzir um Plano Diretor de Segurança específico para suas necessidades, ameaças, vulnerabilidades e exposição ao risco.

Assim, o Plano Diretor de Segurança objetiva montar um mapa de relacionamento e dependência entre Processos de Negócio, Aplicações e Infraestrutura Física, Tecnológica e Humana.

Apesar de particular a elaboração do PDS pode seguir uma metodologia padrão para a sua elaboração. Sêmola, 2003, propõe uma metodologia com seis etapas distintas e complementares que exploraremos a seguir.

## Identificação dos Processos de Negócio

Partindo da premissa de que as ações de segurança devem ter o foco no negócio e nas informações que o sustentam, é vital elencar os processos mais sensíveis, mais críticos com base nos impactos financeiros e resultados estratégicos. Este levantamento deve ser feito com a alta gerência para uma melhor identificação dos processos mais críticos e representativos para o atingimento dos objetivos do negócio.

Este mapeamento deve prover um entendimento claro dos processos de negócio de forma que possam representar perímetros (físicos, tecnológicos e humanos) com características e funções explicitamente específicas, que justifiquem ações sob medidas.

Para esta etapa são esperados os seguintes resultados:

- Mapeamento dos Processos de Negócio críticos para a operação da empresa.
- Identificação dos gestores chaves dos processos mapeados.
- Início da integração e comprometimento dos gestores chaves envolvidos.
- Início do entendimento sobre o funcionamento do negócio.

## Mapeamento da Relevância

Depois de identificar todos os processos de negócio é preciso mapear a relevância de cada um deles para o atingimento dos objetivos estratégicos.

Para realizar este mapeamento da relevância de cada processo de negócio (relação de peso entre eles associada à importância para o negócio) é necessário envolver um ou mais gestores que possuam uma visão corporativa e que conheçam o funcionamento global do negócio.

Uma maneira de conduzir esta análise é quantificando a relevância (em uma escala de 1 a 5, por exemplo, onde o 1 representa os processos menos relevantes e o 5 os mais críticos). Os gestores devem refletir sobre a importância do processo para a operação do negócio e pontuá-lo

Para esta etapa são esperados os seguintes resultados:

- Mapeamento da relevância dos Processos de Negócio críticos.
- Envolvimento dos gestores com visão holística do negócio.
- Percepção dos fatores importantes considerados pelos gestores envolvidos.

## Estudo de Impactos (Análise CIDAL)

Identificar a sensibilidade de cada processo de negócio diante de incidente de segurança é o próximo passo. Os conceitos de Confidencialidade, Integridade, Disponibilidade e dos aspectos Autenticidade e Legalidade serão estudados para cada um dos processos de negócio. A classificação acontece da mesma forma e com os mesmos critérios da análise anterior, mas, desta vez, sem considerar o negócio como um todo.

Entender melhor como os processos de negócio reagiriam sob a possibilidade de quebra dos três conceitos e dois aspectos de segurança da informação, medindo sua sensibilidade, representa um detalhamento importante para auxiliar no dimensionamento e modelagem do plano diretor de segurança, que ocorrerá na etapa conclusiva.

Para esta etapa são esperados os seguintes resultados:

- Classificação da sensibilidade CIDAL de cada Processo de Negócio.
- Envolvimento dos gestores com visão isolada de processos específicos.
- Percepção dos fatores importantes considerados pelos gestores envolvidos.

## Estudo de Prioridades GUT

O próximo passo é estabelecer uma prioridade para cada processo de negócio sob ameça, utilizando a matriz GUT: Gravidade, Urgência e Tendência.

**Gravidade**: Seria muito grave para o processo do negócio em análise se algum fato atingisse qualquer um dos conceitos e aspectos, provocando a quebra da segurança da informação?

**Urgência**: Havendo a quebra da segurança da informação, independentemente do conceito ou aspecto atingidos, qual seria a urgência em solucionar os efeitos do ocorrido e em reduzir os riscos no processo de negócio em análise?

**Tendência**: Considerando os planos de curto, médio e longo prazos associados à evolução do processo do negócio em análise, qual seria sua tendência dos riscos de segurança se nenhuma atividade preventiva ou corretiva fosse aplicada?

A matriz GUT pode ser utilizada atribuindo notas de 1 a 5 para cada uma das dimensões conforme tabela abaixo:

| Gravidade | Urgência | Tendência |
| --- | --- | --- |
| 1 sem gravidade | 1 sem pressa | 1 não vai agravar |
| 2 baixa gravidade | 2 tolerante à espera | 2 vai agravar a longo prazo |
| 3 média gravidade | 3 o mais cedo possível | 3 vai agravar a médio prazo |
| 4 alta gravidade | 4 com alguma urgência | 4 vai agravar a curto prazo |
| 5 altíssima gravidade | 5 imediatamente | 5 vai agravar imediatamente |

A prioridade do processo pode ser obtida com a multiplicação dos fatores. A classificação final estará apontada em uma régua que varia de 1 a 125 (sendo 1 o processo menos prioritário e 125 o mais prioritário)

Para esta etapa são esperados os seguintes resultados:

- Mapeamento da prioridade de cada Processo de Negócio.
- Percepção das características de cada processo em função das dimensões do GUT.

## Estudo de perímetros

De posse do mapeamento de processos, relevância, impacto e prioridade precisaremos identificar os ativos – infraestrutura, tecnologia, aplicações, informações e pessoas – que sustentam e suportam os processos do negócio. De acordo com os aspectos e conceitos de segurança da informação vistos anteriormente, os ativos possuem vulnerabilidades que deverão ser eliminadas, minimizadas e administradas pelas ações dos controles de segurança.

Diferente das atividades anteriores, esta deve ser tratada com os gestores da esfera técnico-tática que irão levantar números e informações topológicas, físicas e tecnológicas, ligadas direta e indiretamente aos processos do negócio.

O objetivo é descobrir quais os ativos estão por trás do funcionamento dos processos de negócio. Tudo o que for importante para sua operação deve ser relacionado, buscando, inclusive, identificar seu funcionamento, relações de troca de informações e fluxo de dados.

Para esta etapa são esperados os seguintes resultados:

- Mapeamento dos ativos.
- Mapeamento da relação entre ativos e processos de negócio.

## Estudo de Atividades

Dimensionar a solução corporativa de segurança é a etapa final. Esta solução é composta por projetos que irão subsidiar a modelagem do PDS. Planejar as ações que ocorrerão em ambientes e perímetros distintos e isolados, mas que estarão sendo coordenadas e, principalmente, estarão em conformidade com as diretrizes de segurança da empresa, proposta pelo modelo de gestão corporativa de segurança da informação.

Esta etapa objetiva a elaboração do plano diretor de segurança, indicando as atividades/projetos necessárias e distribuindo-os ao longo do tempo e de acordo com a prioridade extraída da percepção de relevância dos processos de negócio.

Para esta etapa são esperados os seguintes resultados:

- Mapeamento dos ativos.
- Mapeamento da relação entre ativos e processos do negócio.

# 28
# PLANO DE CONTINUIDADE DE NEGÓCIO

O Plano de Continuidade de Negócio (PCN) é o processo de obtenção e análise de informações para gerar uma estratégia integrada para reagir a uma interrupção não programada nas atividades de negócio. É composto por um conjunto de procedimentos previamente definidos e testados de forma a garantir a continuidade dos processos e serviços vitais de uma organização, ainda que sob o impacto de um desastre, súbito e inesperado, previamente identificado.

Resumindo: o objetivo do PCN é assegurar a continuidade das atividades exercidas para cada processo dentro da organização.

Os principais objetivos que devem ser atingidos pelo PCN são:

- Garantir a segurança dos empregados e visitantes;
- Minimizar danos imediatos e perdas numa situação de emergência;
- Assegurar a restauração das atividades, instalações e equipamentos o mais rápido possível;
- Assegurar a rápida ativação dos processos de negócio críticos;
- Fornecer conscientização e treinamento para as pessoas-chave encarregadas desta atividade.

De acordo com a norma ISO/IEC 27002, o processo para a elaboração do plano de continuidade do negócio deve ser composto das seguintes etapas:

1. Entendimento dos riscos a que a organização está exposta, no que diz respeito à sua probabilidade e impacto, incluindo a identificação e priorização dos processos críticos do negócio;
2. Entendimento do impacto que as interrupções terão sobre o negócio;
3. Consideração de contratação de seguro compatível que possa ser parte integrante do processo de continuidade;
4. Definição e documentação de estratégia de continuidade consistente com os objetivos e prioridades estabelecidos para o negócio;
5. Detalhamento e documentação de planos de continuidade alinhados com a estratégia estabelecida;
6. Testes e atualizações regulares dos planos e procedimentos implantados;
7. Garantia de que a gestão da continuidade do negócio esteja incorporada aos processos e estrutura da organização.

O DRI International (Disaster Recovery Institute) propõe um padrão de planejamento e desenvolvimento de um Plano de Continuidade de Negócio conforme figura abaixo.

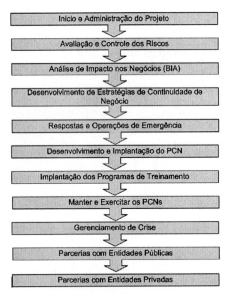

Figura 10 – Modelo de planejamento e desenvolvimento do PCN

## Início e Administração do Projeto

Nesta etapa será definido o escopo / necessidade para o desenvolvimento de um Plano de Continuidade de Negócio, incluindo questões sobre aquisição de patrocínio (apoio), organização e gerenciamento do projeto para atender os limites de prazos e orçamento.

## Avaliação e Controle dos Riscos

As atividades relacionadas à avaliação e controle de riscos definem os possíveis e prováveis cenários que fazem parte do ambiente corporativo e que podem afetar a organização tanto com interrupções quanto com desastres. Nesta etapa serão determinados quais os possíveis danos relacionados a cada evento e quais as medidas necessárias para prevenir e reduzir os efeitos de uma potencial perda. É possível incluir nesta etapa, uma análise de ROI – Return of Investment – para facilitar a justificativa dos custos no controle de redução de riscos.

## Análise de Impacto nos Negócios (Business Impact Analysis - BIA)

Nesta etapa serão identificados e avaliados os impactos resultantes da interrupção e dos cenários de desastres que podem afetar a organização, bem como as técnicas para quantificar e qualificar esses impactos. Além disso, é definida a criticidade dos processos de negócios, suas prioridades de recuperação e interdependência, para que os objetivos de recuperação sejam atendidos nos prazos estabelecidos.

## Desenvolvendo Estratégias de Continuidade de Negócios

Nesta etapa são definidas as estratégias operacionais para a recuperação dos processos e dos componentes de negócios dentro dos prazos de recuperação desejados, enquanto processos corporativos críticos são mantidos em atividade. Para a definição destas estratégias, os procedimentos serão divididos em dois planos distintos:

**Plano de Recuperação de Desastres** – responsável pelas atividades direcionadas à recuperação ou substituição de componentes

**Plano de Contingência** – responsável pelas atividades de manutenção dos processos de negócios

### Respostas e Operações de Emergência

Nesta etapa são desenvolvidos e implementados procedimentos de resposta e estabilização de situações por meio de um incidente ou evento, incluindo a criação e a especificação de normas para o gerenciamento de um centro operacional de emergência (COE) utilizado como central de comando durante uma crise.

### Desenvolvendo e Implementando PCN

Nesta etapa serão integrados todos os componentes até então elaborados e planejados, em um Plano de Continuidade de Negócios, a fim de permitir o atendimento às janelas de recuperação dos componentes e dos processos da organização.

De acordo com a norma ISO/IEC 27002, o PCN deve ser desenvolvido para a manutenção ou recuperação das operações do negócio, na escala de tempo requerida, após a ocorrência de interrupções ou falhas dos processos críticos.

### Implementando os Programas de Treinamento

Nesta etapa será desenvolvido um programa para incrementar a cultura corporativa, incentivando as habilidades necessárias para elaborar, implementar, atualizar e executar um Plano de Continuidade de Negócio.

O treinamento das equipes começa com a distribuição do plano para cada um dos seus componentes. A respectiva parte do plano deve ser encaminhada para cada membro, acompanhada da visão geral do plano e da visão geral da sua equipe. Telefones de emergência, dos demais membros da equipe e de fornecedores também devem fazer parte do conjunto de instruções básicas.

Durante a contingência, os membros de cada equipe não estarão necessariamente desempenhando exatamente os mesmos papéis que desempenham no seu dia a dia. Desta forma, é necessário que os membros sejam pessoas aptas e preparadas para desempenharem satisfatoriamente as funções e executarem, a contento, as atividades que lhes couberem. O objetivo do treinamento, por sua vez, é familiarizar os participantes com o plano e suas atribuições.

## Manter e Exercitar o PCN

Nesta etapa será elaborado um pré-plano para coordenar os exercícios do PCN, avaliando os resultados obtidos. Além disso, serão desenvolvidos processos para a manutenção das variáveis dos planos de acordo com os objetivos estratégicos da empresa. Desta forma, será possível apresentar uma comparação entre o resultado obtido e um ambiente corporativo convencional, relatando as diferenças de forma concisa e clara.

É importante que o PCN seja mantido por meio de análises críticas regulares e atualizações, de forma a assegurar a sua contínua efetividade. Convém que seus procedimentos sejam incluídos no programa de gerenciamento de mudanças da organização, de forma a garantir que as questões relativas à continuidade de negócios estão devidamente tratadas.

O PCN pode apresentar falhas quando testado, geralmente devido a pressupostos incorretos, omissões ou mudanças de equipamentos, pessoal e novas tecnologias. Por isto, ele deve ser testado regularmente, de forma a garantir sua permanente atualização e eficácia. É importante que tais testes também assegurem que todos os membros da equipe de recuperação e outras pessoas de relevância estão conscientes sobre o plano.

## Gerenciamento de Crises e Relações Públicas

Esta etapa é responsável pelo desenvolvimento, coordenação, avaliação e exercício no manuseio de mídias e documentos durante situações de crise, bem como os possíveis meios de comunicação que minimizem os impactos traumáticos entre a organização, seus funcionários e suas famílias, clientes-chave, fornecedores, investidores e gestores corporativo. Através dos procedimentos desta etapa, será possível assegurar o fornecimento de informações para todos os investidores, por meio de uma fonte única e constantemente atualizada.

**Parceria com Entidades Públicas**

Nesta etapa serão estabelecidos os procedimentos necessários e as políticas de coordenação de resposta, atividades de Continuidade e Restauração de Negócios, com o auxílio de autoridades públicas para o atendimento de normas e leis.

**Parceria com Entidades Privadas**

Nesta etapa serão estabelecidas diretrizes de procedimentos e coordenação de resposta, atividades de Continuidade e Restauração de Negócios, com o auxílio de organizações que compartilham interesses comuns e de terceiros contratados para a execução de tarefas e serviços devido à especialização de sua estrutura e objetivo de negócio para limitação de responsabilidades e funções.

# 29

# PLANO DE CONTINGÊNCIA

São desenvolvidos para cada ameaça considerada em cada um dos processos do negócio pertencente ao escopo, definindo em detalhes os procedimentos a serem executados em estado de contingência. É subdividido em três módulos distintos e complementares que tratam especificamente de cada momento vivido pela empresa.

## 29.1 Estratégias de Contingência

### Hot-site

Recebe este nome por ser uma estratégia "quente" ou pronta para entrar em operação assim que uma situação de risco ocorrer. O tempo de operacionalização desta estratégia está diretamente ligado ao tempo de tolerância às falhas do objeto. Se a aplicássemos em um equipamento tecnológico, um servidor de banco de dados, por exemplo, estaríamos falando de milissegundos de tolerância para garantir disponibilidade do serviço mantido pelo equipamento.

### Warm-site

Seguindo a nomenclatura da primeira estratégia, esta se aplica a objetos com maior tolerância à paralisação, podendo se sujeitar à indisponibilidade por mais tempo, até o retorno operacional da atividade. Tomemos, como exemplo, o serviço de e-mail dependente de uma conexão de comunicação. Vemos que o processo de envio e recebimento de mensagens é mais tolerante que o exemplo usado na primeira estratégia, pois poderia ficar indisponível por minutos, sem, no entanto, comprometer o serviço ou gerar impactos significativos.

## Realocação de Operação

Como o próprio nome denuncia, esta estratégia objetiva desviar a atividade atingida pelo evento que provocou a quebra de segurança, para outro ambiente físico, equipamento ou link, pertencentes à mesma empresa. Esta estratégia só é possível com a existência de "folgas" de recursos que podem ser alocados em situações de crise. Muito comum, essa estratégia pode ser entendida pelo exemplo em que se redireciona o tráfego de dados de um roteador ou servidor com problemas para outro que possua folga de processamento e suporte o acúmulo de tarefas.

## Bureau de Serviços

Esta estratégia considera a possibilidade de transferir operacionalização da atividade atingida para um ambiente terceirizado; portanto, fora dos domínios da empresa. Por sua própria natureza, em que requer um tempo de tolerância maior em função do tempo de reativação operacional da atividade, torna-se restrita a poucas situações. O fato de ter suas informações manuseadas por terceiros e em um ambiente fora de seu controle, requer atenção na adoção de procedimentos, critérios e mecanismos de controle que garantam condições de segurança adequadas à relevância e criatividade da atividade contingenciada.

## Acordo de Reciprocidade

Muito conveniente para atividades que demandariam investimentos de contingências inviáveis ou incompatíveis com a importância da mesma, esta estratégia propõe a aproximação e um acordo formal com empresas que mantêm características físicas, tecnológicas ou humanas semelhantes a sua, e que estejam igualmente dispostas a possuir uma alternativa de continuidade operacional. Estabelecem em conjunto as situações de contingência e definem os procedimentos de compartilhamento de recursos para alocar a atividade atingida no ambiente da outra empresa. Desta forma, ambas obtêm redução significativa dos investimentos. Apesar do notório benefício, todas as empresas envolvidas precisam adotar procedimentos personalizados e mecanismos que reduzam a exposição das informações que, temporariamente, estarão circulando em ambiente de terceiros. Este risco se agrava quando a reciprocidade ocorre entre empresas pseudoconcorrentes que se unem exclusivamente com o propósito de reduzir investimentos, precisando fazê-lo pela especificidade de suas atividades, por exemplo, no processo de impressão de jornais.

**Cold-site**

Dentro do modelo de classificação adotado nas duas primeiras estratégias, esta propõe uma alternativa de contingência a partir de um ambiente com os recursos mínimos de infraestrutura e telecomunicações, desprovido de recursos de processamento de dados. Portanto, aplicável a situações com tolerância de indisponibilidade ainda maior.

**Autossuficiência**

Aparentemente uma estratégia impensada, a autossuficiência é, muitas vezes, a melhor ou a única estratégia possível para determinada atividade. Isso ocorre quando nenhuma outra estratégia é aplicável, quando os impactos possíveis não são significativos ou quando estas são inviáveis, seja financeiramente, tecnicamente ou estrategicamente. A escolha de qualquer uma das estratégias estudadas até o momento depende diretamente do nível de tolerância que a empresa pode suportar e ainda depende do nível de risco que seu executivo está disposto a correr. Esta decisão pressupõe a orientação obtida por uma análise de riscos e impactos que gerem subsídios para apoiar a escolha mais acertada.

# 30

# OUTROS PLANOS DA SEGURANÇA

## 30.1 Plano de Administração de Crise

Este documento tem o propósito de definir passo a passo o funcionamento das equipes envolvidas com o acionamento da contingência antes, durante e depois da ocorrência do incidente. Além disso, tem que definir os procedimentos a serem executados pela mesma equipe no período de retorno à normalidade. O comportamento da empresa na comunicação do fato à imprensa é um exemplo típico de tratamento dado pelo plano.

## 30.2 Plano de Continuidade Operacional

Este documento tem o propósito de definir os procedimentos para contingenciamento dos ativos que suportam cada processo de negócio, objetivando reduzir o tempo de indisponibilidade e, consequentemente, os impactos potenciais ao negócio. Orientar as ações diante da queda de uma conexão à internet exemplificam os desafios organizados pelo plano.

## 30.3 Plano de Recuperação de Desastres

Este documento tem o propósito de definir um plano de recuperação e restauração das funcionalidades dos ativos afetados que suportam os processos de negócio, a fim de restabelecer o ambiente e as condições originais de operação.

É fator crítico de sucesso estabelecer adequadamente os gatilhos de acionamento para cada plano de contingência. Esses gatilhos são parâmetros de tolerância usados para sinalizar o início da operacionalização da contingência, evitando acionamentos prematuros ou tardios. Dependendo das características do objeto da contingência, os parâmetros podem ser: percentual de recurso afetado, quantidade de recursos afetados, tempo de indisponibilidade, impactos financeiros, etc.

A notória complexidade do Plano de Continuidade Operacional, em função da diversidade de objetos, suas características personalizadas, a abrangência das ameaças possíveis consideradas e a necessária interação dos planos de administração de crises, planos de continuidade operacional e dos planos de recuperação de desastres, torna imprescindível a construção de um modelo dinâmico de manutenção dos documentos e de testes.

Por se tratar de uma peça importante na gestão corporativa de segurança da informação, principalmente por ser o último recurso depois que todos os demais falharam, os três planos precisam passar por baterias severas de teste

# ANEXOS

# 1. COMMON CRITERIA FOR INFORMATION TECHNOLOGY SECURITY EVALUATION

Em português: Critério comum para avaliação de segurança de tecnologia da informação. Este é o nome do padrão de mercado que deu origem à norma ISO/IEC 15.408, que muitas vezes é chamada, simplesmente, de Common Criteria. O objetivo da norma é fornecer um conjunto de critérios fixos que permitam especificar a segurança de uma aplicação de forma não ambígua a partir de características do ambiente da aplicação, e definir formas de garantir a segurança da aplicação para o cliente final. Ou seja, o Common Criteria pode ser utilizado para desenvolver um sistema seguro ou avaliar a segurança de um já existente.

O Common Criteria estabelece que qualquer sistema para ser considerado seguro, precisa ter seu Security Target (objetivo ou alvo de segurança) elaborado. O Security Target é a especificação de segurança, ou seja, indica quais aspectos de segurança foram considerados importantes e porque foram para aquele sistema em particular.

## 1.1 Abreviações

| | | | |
|---|---|---|---|
| **CC** | Common Criteria | **ST** | Security Target |
| **EAL** | Evaluation Assurance Level | **TOE** | Target of Evaluation |
| **IT** | Information Technology | **TSC** | TSF Scope of Control |
| **PP** | Protection Profile | **TSF** | TOE Security Functions |
| **SF** | Security Function | **TSFI** | TSF Interface |
| **SFP** | Security Function Policy | **TSP** | TOE Security Policy |
| **SOF** | Strength of Function | | |

## 1.2 Estrutura Geral

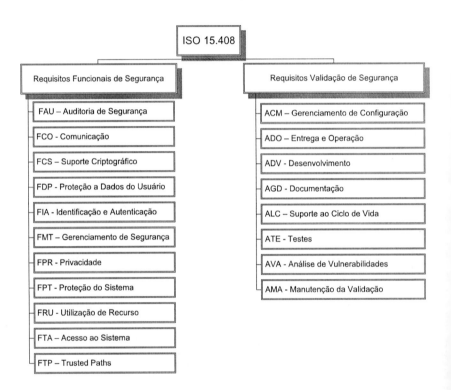

Figura 11 – Estrutura Geral da ISO15408

## 1.3 Requisitos Funcionais de Segurança

**Classe:** *FAU - Security audit*

Auditoria de segurança envolve reconhecimento, gravação, armazenamento e análise das informações relacionadas com as atividades relevantes da segurança (isto é, atividades controladas pela PTS). Os registros de auditoria resultantes podem ser examinados para determinar quais as atividades de segurança e quem é o responsável por elas

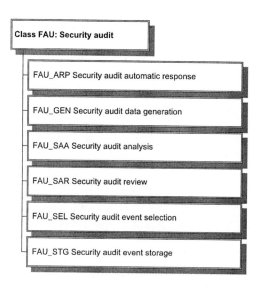

## Classe: *FCO - Communication*

Esta categoria prevê especificamente duas famílias envolvidas com a garantia da identidade de uma das partes que participam numa troca de dados. Essas famílias estão relacionadas para a garantia da identidade da origem das informações transmitidas (prova de origem) e assegurando a identidade do destinatário da informação transmitida (prova de recepção). Essas famílias garantem que um autor não pode negar ter enviado a mensagem, nem o destinatário pode negar ter recebido dele.

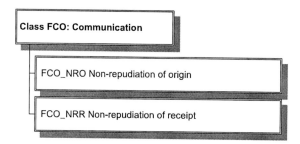

## Classe: *FCS - Cryptographic support*

A TSF pode empregar funcionalidades de criptografia para ajudar a satisfazer diversos objetivos de alto nível de segurança. Estas incluem (mas não estão limitados a): identificação e autenticação, não repúdio, caminho confiável, canal de separação de dados confiável. Esta classe é usada quando o TEP implementa funções criptográficas, a implementação poderia ser em hardware, firmware e / ou software.

A classe FCS é composta de duas famílias: A família FCS_CKM aborda os aspectos de gestão de chaves criptográficas, enquanto a família FCS_COP está preocupada com a utilização operacional dessas chaves criptográficas.

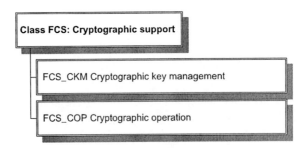

## Classe: *FDP - User data protection*

Esta categoria inclui famílias que especificam os requisitos de segurança para funções de segurança e para políticas relativas à proteção dos dados do usuário. FDP é dividida em quatro grupos de famílias (listados abaixo) que abordam os dados do usuário dentro de um TOE, durante a importação, exportação e armazenagem, bem como atributos de segurança diretamente relacionada com os dados do usuário.

a. **Políticas para as funções de proteção de dados dos usuários**

- FDP_ACC Access control policy; e
- FDP_IFC Information flow control policy.

**b. Formas de proteção de dados dos usuários**

- FDP_ACF Access control functions;
- FDP_IFF Information flow control functions;
- FDP_ITT Internal TOE transfer;
- FDP_RIP Residual information protection;
- FDP_ROL Rollback; e
- FDP_SDI Stored data integrity.

**c. Importação, exportação e armazenamento Off-line:**

- FDP_DAU Data authentication;
- FDP_ETC Export to outside TSF control; e
- FDP_ITC Import from outside TSF control.

**d. Comunicação Inter-TSF**

- FDP_UCT Inter-TSF user data confidentiality transfer protection; e
- FDP_UIT Inter-TSF user data integrity transfer protection.

**Class FDP: User data protection**

- FDP_ACC Access control policy
- FDP_ACF Access control functions
- FDP_DAU Data authentication
- FDP_ETC Export to outside TSF control
- FDP_IFC Information flow control policy
- FDP_IFF Information flow control functions
- FDP_ITC Import from outside TSF control
- FDP_ITT Internal TOE transfer
- FDP_RIP Residual information protection
- FDP_ROL Rollback
- FDP_SDI Stored data integrity
- FDP_UCT Inter-TSF user data confidentiality transfer protection
- FDP_UIT Inter-TSF user data integrity transfer protection

## Classe: *FIA - Identification and authentication*

As famílias nesta categoria abordam os requisitos para a função de estabelecer e verificar uma identidade do usuário. Identificação e autenticação são necessárias para garantir que os utilizadores estão associados com um bom atributo de segurança (por exemplo: identidade, grupos, papéis, segurança ou integridade níveis).

A identificação inequívoca dos usuários autorizados e a correta associação dos atributos de segurança com os utilizadores são de importância crítica para a execução das políticas de segurança. As famílias desta classe lidam com a determinação e a verificação da identidade dos utilizadores, determinando sua autoridade para interagir com os TOE, e com a correta associação dos atributos de segurança para cada usuário autorizado.

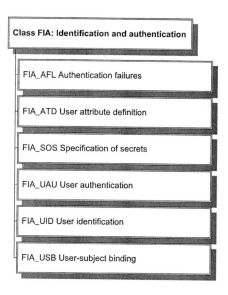

## Classe: *FMT - Security management*

Esta categoria destina-se a especificar o gerenciamento dos atributos de segurança, dados e funções do TSF. Os diferentes papéis de gestão e de sua interação, tal como a separação de capacidade, podem ser especificado.

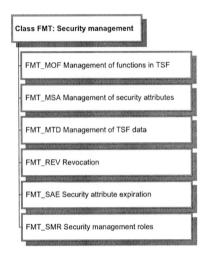

### Classe: *FPR - Privacy*

Esta categoria contém requisitos de privacidade. Esses requisitos fornecem a um usuário proteção contra a utilização indevida de identidade descoberta por outros usuários.

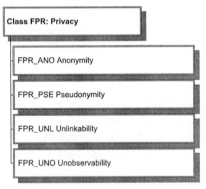

### Classe: *FPT - Protection of the TSF*

Esta categoria inclui famílias de exigências funcionais que dizem respeito à integridade e à gestão dos mecanismos que proporcionam a TSF (independente das especificidades SFT) e para a integridade dos dados TSF (independente dos

# 1. COMMON CRITERIA FOR INFORMATION TECHNOLOGY SECURITY EVALUATION • 271

conteúdos específicos dos dados PTS). Em certo sentido, as famílias desta classe podem aparecer para duplicar componentes do FDP, e podem até mesmo ser implementadas utilizando os mesmos mecanismos. No entanto, FDP centra-se na proteção dos dados de usuários, enquanto FPT incide sobre a proteção dos dados TSF.

Do ponto de vista desta classe, existem três porções significativas para a TSF:

- A máquina abstrata da TSF, que é a máquina virtual ou física sobre a qual a execução sob avaliação específica TSF é executada.
- A execução da TSF, que é executada sobre a máquina abstrata e implementa os mecanismos que fazem valer o TSP.
- Os dados da TSF, que são as bases de dados administrativos que norteiam a aplicação do PTS.

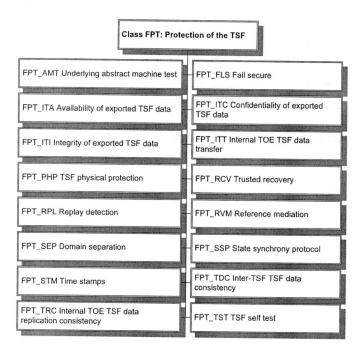

## Classe: *FRU - Resource utilization*

Esta categoria provê três famílias que apoiam a disponibilidade dos recursos necessários, tais como capacidade de transformação e / ou a capacidade de armazenamento. A família *Fault Tolerance* fornece proteção contra a indisponibilidade de recursos causados por falha do TOE. A família *Priority of Service* garante que os recursos serão alocados às tarefas críticas mais importantes e não serão monopolizadas pelas tarefas menos prioritárias. A família *Resource Allocation* que prevê limite para a utilização dos recursos disponíveis, por conseguinte, os utilizadores de monopolizar os recursos.

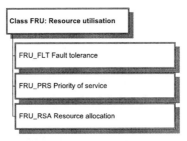

## Classe: *FTA - TOE access*

Esta família especifica requisitos funcionais para controlar o estabelecimento de uma sessão do usuário.

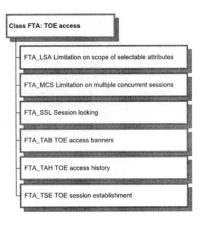

## Classe: *FTP - Trusted path/channels*

Famílias nesta categoria proporcionam requisitos para um caminho confiável para comunicação entre os utilizadores e a TSF e entre a TSF e outros produtos confiáveis de TI. Neste paradigma, um canal confiável é um canal de comunicação que pode ser iniciado por um ou outro lado do canal, e não repúdio fornece características no que diz respeito à identidade das margens do canal.

Um caminho confiável fornece um meio para os utilizadores desempenharem funções seguras através de uma interação direta com a TSF. Caminho confiável normalmente é desejado por ações do usuário, como a identificação inicial e / ou autenticação, mas também pode ser desejado em outros momentos durante uma sessão do usuário.

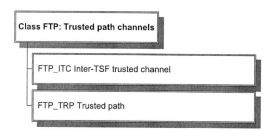

## Classe: *APE - Protection Profile evaluation*

O objetivo da avaliação de um PP é demonstrar que ele está completo, coerente e tecnicamente sólido. Um PP validado é adequado para ser utilizado como base para o desenvolvimento das STs.

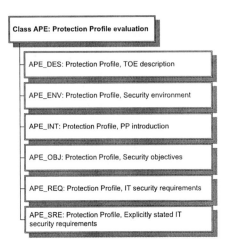

## Classe: *ASE - Security Target evaluation*

O objetivo da avaliação de um ST é demonstrar que ele está completo, coerente e tecnicamente sólido e, portanto, adequado para ser utilizado como base para a avaliação correspondente TOE.

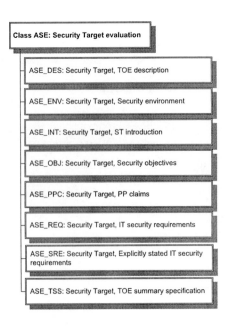

## 1.4 Classes para Assegurar o Ciclo de Desenvolvimento

Classe: *ACM - Configuration management*

Gestão da Configuração é um método ou meio para estabelecer que os requisitos funcionais e as especificações sejam realizados na execução do TOE. Esta classe responde a esses objetivos através da exigência de uma disciplina e adoção de controles nos processos de aperfeiçoamento e modificação do TOE, bem como em suas informações relacionadas. Sistemas de gerenciamento da configuração são postos em prática para garantir a integridade das porções do TOE sob seu controle, através do fornecimento de um método de monitoramento de todas as alterações além de assegurar que todas as mudanças são autorizadas.

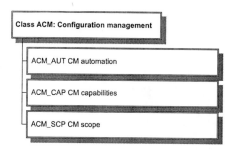

Classe: *ADO - Delivery and operation*

Entrega e operação prevê requisitos para a entrega correta, a instalação, a geração de inicialização do TOE.

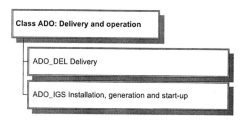

## Classe: *ADV - Development*

As famílias da classe desenvolvimento englobam quatro requisitos para representar a TSF em vários níveis de abstração desde a interface funcional até a representação de execução com os seus respectivos relacionamentos.

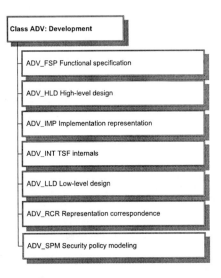

## Classe: *AGD - Guidance documents*

Esta classe fornece os requisitos para elaboração dos documentos de orientação aos usuários e administradores do TOE.

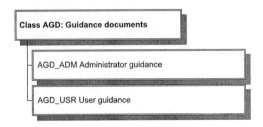

## Classe: *ALC - Life cycle support*

Suporte ao ciclo de vida é um aspecto da criação de disciplina e controle nos processos de desenvolvimento e manutenção do TOE.

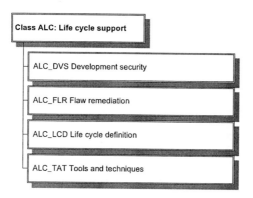

## Classe: *ATE - Tests*

O objetivo nesta categoria é a confirmação de que o TSF opera de acordo com suas especificações.

Os aspectos de cobertura e de profundidade foram separados dos testes funcionais e testes independentes por razões de maior flexibilidade na aplicação dos componentes da família. No entanto, as exigências destinam a ser aplicadas em conjunto.

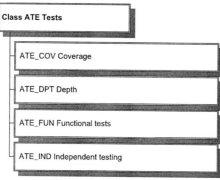

## Classe: *AVA - Vulnerability assessment*

A classe aborda a existência de canais encobertos exploráveis, a possibilidade de utilização abusiva ou incorreta configuração do TOE, a possibilidade de derrota probabilística ou permutação de mecanismos, bem como a possibilidade de vulnerabilidades exploráveis terem sido introduzidas no desenvolvimento ou o funcionamento do TOE.

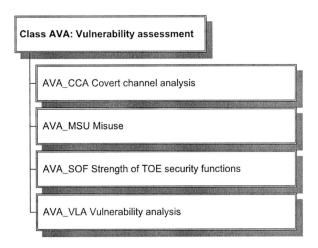

## 1.5 Níveis de Maturidade

O CC (Common Criteria) define também sete níveis de garantia de segurança. A cada nível, temos um maior número de testes e, portanto, maior garantia de que o sistema atende aos requisitos de segurança. Esses níveis são denominados EAL (Evaluation Assurance Level, ou nível de garantia da avaliação) que pode variar de EAL1 a EAL7. Sendo o nível 7 a mais alta garantia

## NÍVEL DE MATURIDADE – 1 (EAL1)

| Assurance class | Assurance components |
|---|---|
| Configuration management | ACM_CAP.1 Version numbers |
| Delivery and operation | ADO_IGS.1 Installation, generation, and start-up procedures |
| Development | ADV_FSP.1 Informal functional specification |
| | ADV_RCR.1 Informal correspondence demonstration |
| Guidance documents | AGD_ADM.1 Administrator guidance |
| | AGD_USR.1 User guidance |
| Tests | ATE_IND.1 Independent testing - conformance |

## NÍVEL DE MATURIDADE – 2 (EAL2)

| Assurance class | Assurance components |
|---|---|
| Configuration management | ACM_CAP.2 Configuration items |
| Delivery and operation | ADO_DEL.1 Delivery procedures |
| | ADO_IGS.1 Installation, generation, and start-up procedures |
| Development | ADV_FSP.1 Informal functional specification |
| | ADV_HLD.1 Descriptive high-level design |
| | ADV_RCR.1 Informal correspondence demonstration |
| Guidance documents | AGD_ADM.1 Administrator guidance |
| | AGD_USR.1 User guidance |
| Tests | ATE_COV.1 Evidence of coverage |
| | ATE_FUN.1 Functional testing |
| | ATE_IND.2 Independent testing - sample |
| Vulnerability assessment | AVA_SOF.1 Strength of TOE security function evaluation |
| | AVA_VLA.1 Developer vulnerability analysis |

## NÍVEL DE MATURIDADE – 3 (EAL3)

| Assurance class | Assurance components |
| --- | --- |
| Configuration management | ACM_CAP.3 Authorisation controls |
| | ACM_SCP.1 TOE CM coverage |
| Delivery and operation | ADO_DEL.1 Delivery procedures |
| | ADO_IGS.1 Installation, generation, and start-up procedures |
| Development | ADV_FSP.1 Informal functional specification |
| | ADV_HLD.2 Security enforcing high-level design |
| | ADV_RCR.1 Informal correspondence demonstration |
| Guidance documents | AGD_ADM.1 Administrator guidance |
| | AGD_USR.1 User guidance |
| Life cycle support | ALC_DVS.1 Identification of security measures |
| Tests | ATE_COV.2 Analysis of coverage |
| | ATE_DPT.1 Testing: high-level design |
| | ATE_FUN.1 Functional testing |
| | ATE_IND.2 Independent testing - sample |
| Vulnerability assessment | AVA_MSU.1 Examination of guidance |
| | AVA_SOF.1 Strength of TOE security function evaluation |
| | AVA_VLA.1 Developer vulnerability analysis |

## NÍVEL DE MATURIDADE – 4 (EAL4)

| Assurance class | Assurance components |
| --- | --- |
| Configuration management | ACM_AUT.1 Partial CM automation |
| | ACM_CAP.4 Generation support and acceptance procedures |
| | ACM_SCP.2 Problem tracking CM coverage |

| | |
|---|---|
| Delivery and operation | ADO_DEL.2 Detection of modification |
| | ADO_IGS.1 Installation, generation, and start-up procedures |
| Development | ADV_FSP.2 Fully defined external interfaces |
| | ADV_HLD.2 Security enforcing high-level design |
| | ADV_IMP.1 Subset of the implementation of the TSF |
| | ADV_LLD.1 Descriptive low-level design |
| | ADV_RCR.1 Informal correspondence demonstration |
| | ADV_SPM.1 Informal TOE security policy model |
| Guidance documents | AGD_ADM.1 Administrator guidance |
| | AGD_USR.1 User guidance |
| Life cycle support | ALC_DVS.1 Identification of security measures |
| | ALC_LCD.1 Developer defined life-cycle model |
| | ALC_TAT.1 Well-defined development tools |
| Tests | ATE_COV.2 Analysis of coverage |
| | ATE_DPT.1 Testing: high-level design |
| | ATE_FUN.1 Functional testing |
| | ATE_IND.2 Independent testing - sample |
| Vulnerability assessment | AVA_MSU.2 Validation of analysis |
| | AVA_SOF.1 Strength of TOE security function evaluation |
| | AVA_VLA.2 Independent vulnerability analysis |

## NÍVEL DE MATURIDADE – 5 (EAL5)

| Assurance class | Assurance components |
|---|---|
| Configuration management | ACM_AUT.1 Partial CM automation |
| | ACM_CAP.4 Generation support and acceptance procedures |
| | ACM_SCP.3 Development tools CM coverage |

| | |
|---|---|
| Delivery and operation | ADO_DEL.2 Detection of modification |
| | ADO_IGS.1 Installation, generation, and start-up procedures |
| Development | ADV_FSP.3 Semiformal functional specification |
| | ADV_HLD.3 Semiformal high-level design |
| | ADV_IMP.2 Implementation of the TSF |
| | ADV_INT.1 Modularity |
| | ADV_LLD.1 Descriptive low-level design |
| | ADV_RCR.2 Semiformal correspondence demonstration |
| | ADV_SPM.3 Formal TOE security policy model |
| Guidance documents | AGD_ADM.1 Administrator guidance |
| | AGD_USR.1 User guidance |
| Life cycle support | ALC_DVS.1 Identification of security measures |
| | ALC_LCD.2 Standardised life-cycle model |
| | ALC_TAT.2 Compliance with implementation standards |
| Tests | ATE_COV.2 Analysis of coverage |
| | ATE_DPT.2 Testing: low-level design |
| | ATE_FUN.1 Functional testing |
| | ATE_IND.2 Independent testing - sample |
| Vulnerability assessment | AVA_CCA.1 Covert channel analysis |
| | AVA_MSU.2 Validation of analysis |
| | AVA_SOF.1 Strength of TOE security function evaluation |
| | AVA_VLA.3 Moderately resistant |

## NÍVEL DE MATURIDADE – 6 (EAL6)

| Assurance class | Assurance components |
|---|---|
| Configuration management | ACM_AUT.2 Complete CM automation |
|  | ACM_CAP.5 Advanced support |
|  | ACM_SCP.3 Development tools CM coverage |
| Delivery and operation | ADO_DEL.2 Detection of modification |
|  | ADO_IGS.1 Installation, generation, and start-up procedures |
| Development | ADV_FSP.3 Semiformal functional specification |
|  | ADV_HLD.4 Semiformal high-level explanation |
|  | ADV_IMP.3 Structured implementation of the TSF |
|  | ADV_INT.2 Reduction of complexity |
|  | ADV_LLD.2 Semiformal low-level design |
|  | ADV_RCR.2 Semiformal correspondence demonstration |
|  | ADV_SPM.3 Formal TOE security policy model |
| Guidance documents | AGD_ADM.1 Administrator guidance |
|  | AGD_USR.1 User guidance |
| Life cycle support | ALC_DVS.2 Sufficiency of security measures |
|  | ALC_LCD.2 Standardised life-cycle model |
|  | ALC_TAT.3 Compliance with implementation standards - all parts |
| Tests | ATE_COV.3 Rigorous analysis of coverage |
|  | ATE_DPT.2 Testing: low-level design |
|  | ATE_FUN.2 Ordered functional testing |
|  | ATE_IND.2 Independent testing - sample |

| Vulnerability assessment | AVA_CCA.2 Systematic covert channel analysis |
|---|---|
| | AVA_MSU.3 Analysis and testing for insecure states |
| | AVA_SOF.1 Strength of TOE security function evaluation |
| | AVA_VLA.4 Highly resistant |

## NÍVEL DE MATURIDADE - 7

| Assurance class | Assurance components |
|---|---|
| Configuration management | ACM_AUT.2 Complete CM automation |
| | ACM_CAP.5 Advanced support |
| | ACM_SCP.3 Development tools CM coverage |
| Delivery and operation | ADO_DEL.3 Prevention of modification |
| | ADO_IGS.1 Installation, generation, and start-up procedures |
| Development | ADV_FSP.4 Formal functional specification |
| | ADV_HLD.5 Formal high-level design |
| | ADV_IMP.3 Structured implementation of the TSF |
| | ADV_INT.3 Minimisation of complexity |
| | ADV_LLD.2 Semiformal low-level design |
| | ADV_RCR.3 Formal correspondence demonstration |
| | ADV_SPM.3 Formal TOE security policy model |
| Guidance documents | AGD_ADM.1 Administrator guidance |
| | AGD_USR.1 User guidance |
| Life cycle support | ALC_DVS.2 Sufficiency of security measures |
| | ALC_LCD.3 Measurable life-cycle model |
| | ALC_TAT.3 Compliance with implementation standards - all parts |

| | |
|---|---|
| Tests | ATE_COV.3 Rigorous analysis of coverage |
| | ATE_DPT.3 Testing: implementation representation |
| | ATE_FUN.2 Ordered functional testing |
| | ATE_IND.3 Independent testing - complete |
| Vulnerability assessment | AVA_CCA.2 Systematic covert channel analysis |
| | AVA_MSU.3 Analysis and testing for insecure states |
| | AVA_SOF.1 Strength of TOE security function evaluation |
| | AVA_VLA.4 Highly resistant |

## 1.6 Classe para Assegurar a Manutenção do Sistema

Classe: *AMA - Maintenance of assurance*

A Classe de Manutenção da Garantia provê requisitos que se destinam a ser aplicados após um TOE ter sido certificado na norma ISO/IEC 15408. Esses requisitos são destinados a garantir que o TOE continuará a cumprir o seu objetivo de segurança mesmo que ocorram mudanças nele ou seu ambiente. Essas mudanças incluem a descoberta de novas ameaças e vulnerabilidades, mudanças das necessidades dos utilizadores, bem como a correção de erros encontrados no TOE certificado.

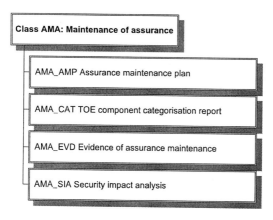

# 2. RESUMO DA ISO/IEC 27002

A ISO/IEC 27002:2013 fornece diretrizes e normas para as práticas de segurança da informação. Ela inclui a seleção, implementação e o gerenciamento de controles que levam em consideração os ambientes de risco da segurança da informação da organização.

Um dos objetivos desta norma é estabelecer um referencial para as organizações desenvolverem, implementarem e avaliarem a gestão da segurança de informação.

Em sua documentação a ISO/IEC 27002:2013 aborda 14 tópicos que abaixo relacionamos, com o respectivo capítulo e uma breve descrição:

## Cap. 5 – Política de Segurança da Informação

A política de Segurança da Informação tem como objetivo promover um apoio e uma orientação para a direção da Segurança da Informação de acordo com os requisitos do negócio e com leis e regulamentos que são relevantes.

A direção deve estabelecer uma política clara, que alinhada aos objetivos do negócio demonstre apoio e comprometimento com a Segurança da Informação por meio da política de Segurança da Informação para toda a organização.

Para utilização dessa política utiliza-se um documento que objetiva um controle que deve ser aprovado pela direção e publicado a todos os funcionários e partes externas interessadas, tomando os cuidados necessários com as informações. Esse documento deve ressaltar o comprometimento da direção e o enfoque da gerência da Segurança da Informação feita pela organização.

A política de Segurança da Informação deve ser analisada de tempos em tempos de forma crítica verificando-se possíveis mudanças com o intuito de uma contínua eficácia.

Faz-se importante o fato da política de Segurança da Informação ser gerenciada por um gestor que se responsabilize pelo desenvolvimento e análise da mesma.

## Cap. 6 – Organizando a Segurança da Informação

A empresa necessita possuir uma organização voltada à segurança da informação no intuito de cuidar, gerenciar e manter a segurança das informações trabalhadas e tratadas na empresa. Para isso convém que a organização se preocupe com dois focos principais que são: a infraestrutura interna e o trabalho remoto.

A organização voltada à infraestrutura interna é responsável por gerenciar a segurança da informação dentro da organização.

Ela necessita que alguns aspectos sejam levados em consideração como: o comprometimento da direção com a segurança da informação, atribuição de responsabilidades, bom contato com autoridades, contato com grupos especiais e uma análise crítica da informação. Exige também das partes responsáveis algumas ações como a criação de um acordo de confidencialidade, que contenha requisitos para a proteção da informação e requisitos para confidenciar o contato.

A norma recomenda ainda a segregação de funções conflitantes e que a empresa tenha procedimentos implantados que definam quando e quais autoridades, grupos especiais, entidades de classes, associações profissionais devam ser contatadas em caso de incidentes de segurança. A segurança deve ser considerada nos gerenciamentos de projetos.

Já com o trabalho remoto, a organização deve garantir a segurança das informações dos dispositivos móveis utilizados para esse fim. Cuidados especiais devem ser tomados para garantir que as informações do negócio estejam devidamente protegidas e os riscos de utilização do trabalho remoto estejam identificados e controlados.

## Cap. 7 - Segurança em Recursos Humanos

O objetivo da Segurança da Informação em Recursos Humanos visa assegurar que os funcionários, fornecedores e terceiros entendam suas responsabilidades e estejam de acordo com os papéis estabelecidos, visando reduzir riscos de fraude, e mau uso dos recursos.

Basicamente, é dividido em três etapas:

- Antes da contratação;
- Durante a contratação;
- Encerramento ou mudança da contratação.

Todas elas são de responsabilidade do setor de recursos humanos, observando algumas regras necessárias na Segurança da Informação.

### Antes da Contratação

A norma recomenda que sejam verificados os históricos de todos os candidatos a emprego, respeitando a ética e a legislação sobre a privacidade em vigor. A extensão dessa verificação deve ser proporcional aos requisitos da função que o candidato assumirá.

Existem alguns procedimentos a serem observados neste processo pré-contratação como: as Leis da CLT, os candidatos, organizar cargos, definição de critérios e as limitações, entre outros fatores. Torna-se importante também que o processo de seleção seja ministrado por fornecedores e terceiros, e caso isso ocorra é importante que o contrato especifique responsabilidades, valores, horários, período, etc.

Para estabelecer esse contrato convém que os interessados concordem e assinem termos e condições para o trabalho que se baseiem na política de Segurança da Informação da empresa.

## Durante a Contratação

O objetivo da Segurança da Informação em Recursos Humanos durante a contratação visa assegurar que os funcionários, fornecedores e terceiros estejam conscientes e preparados sobre suas responsabilidades, obrigações e preocupações relacionadas à Segurança da Informação.

É importante que a empresa se conscientize de suas necessidades e comportamentos no intuito de fornecer a seus funcionários treinamentos que os permitam reconhecer problemas, e para que eles respondam de acordo com as necessidades do trabalho.

É importante que exista um processo formal de disciplinas para funcionários que venham a cometer infrações e violações na Segurança da Informação, que aumentem o cuidado relacionado a procedimentos e políticas da Segurança da Informação na organização.

### Encerramento ou mudança da contratação

O objetivo da Segurança da Informação em Recursos Humanos durante o encerramento ou mudança da contratação, visa assegurar que os funcionários, fornecedores e terceiros deixem a organização ou mudem de trabalho de forma organizada, observando a devolução dos equipamentos (ativos, como senhas, cartões, e tudo que pertença à empresa), deve ser retirado o direito de acesso a sistemas e informações locais, seguindo o contrato.

Quando encerradas as atividades faz-se conveniente que estejam claramente atribuídas e definidas e que o contrato seja encerrado na presença dos interessados.

### Cap. 8 - Gestão de Ativos

A gestão de ativos é responsável por parte da organização e alguns cuidados, e tem como objetivo principal manter e alcançar uma proteção adequada aos ativos da Organização.

## 2. RESUMO DA ISO/IEC 27002 • 291

Convém que cada ativo seja de responsabilidade de algum proprietário, que esses proprietários sejam identificados e que pertença a eles a responsabilidade pela manutenção dos controles dos mesmos. Cada ativo deverá ser identificado e deverá ser feito e mantido um inventário de todos os ativos importantes, contendo em si as informações necessárias sobre a importância do ativo no negócio e que também permitam uma recuperação das informações caso seja necessária. Pois são os inventários que ajudam a assegurar a proteção do ativo, e pode ser requerido para outras finalidades do negócio como a saúde e a segurança.

Segue alguns exemplos de ativos:

- Ativos de Informação (arquivos, base de dados);
- Ativos de Software (aplicativos, sistemas);
- Ativos Físicos (mídias removíveis, equipamentos computacionais);
- Serviços (iluminação, refrigeração);
- Pessoas e suas qualificações;
- Imagem da organização entre outros.

É importante o fato de a organização identificar, documentar e implementar algumas regras para serem seguidas pelos funcionários, fornecedores e terceiros.

Quanto à informação, é de responsabilidade do proprietário do ativo definir uma classificação para a informação que deve ter como objetivo de assegurar que a informação receba um nível adequado de proteção, levando em consideração avaliar a confidencialidade, integridade, disponibilidade da informação e outros requisitos.

Esta classificação deve ser feita para mostrar a necessidade e o nível esperado de proteção quanto ao tratamento da informação que possui vários níveis de sensibilidade e criticidade. Sendo que alguns desses níveis podem necessitar de uma proteção ou tratamento especial.

Essa classificação deve ser usada para definir uma determinada proteção e as medidas corretas de tratamento para os níveis observados. Levando-se em consideração a necessidade de compartilhamento ou restrição das informações e dos negócios associados à necessidade da organização.

No geral, a classificação da informação é uma maneira de determinar como a informação será protegida e tratada.

Para ser tratada, é aplicado um conjunto determinado de procedimentos para rotulação e tratamento da informação definindo e implementando um esquema de classificação, que será adotado pela organização. Os procedimentos para rotulação da informação precisam abranger tanto os ativos de informação no formato físico como no eletrônico.

A rotulação vem a ser um tratamento seguro da classificação da informação sendo um requisito-chave para os procedimentos de compartilhamento da informação.

### Cap. 9 – Controle de Acesso

Este capítulo trata do controle de acesso ao sistema, podemos dizer que controle de acesso é um grupo de técnicas de segurança, como o uso de senhas ou de cartões inteligentes para limitar o acesso a um computador ou a uma rede somente a usuários autorizados.

Dentre estas áreas destacam-se as questões relativas a:

- Requisitos de negócio para controle de acesso;
- Gerenciamento de acesso do usuário;
- Responsabilidade dos usuários;
- Controle de acesso à rede;
- Controle de acesso ao sistema operacional;
- Controle de acesso à aplicação e à informação;
- Computação móvel e trabalho remoto.

Podemos observar neste capítulo a importância de se ter um controle de acesso devido à preocupação da disponibilização da informação corporativa, preocupação como: quem vai acessar? Como? Quando? O quê? Onde? Estas perguntas fazem com que o gestor de segurança crie um controle de acesso que seja estabelecido, documentado e analisado criticamente.

O controle de acesso é uma das mais importantes ferramentas de apoio à segurança da informação, podendo ser obtido através do design do ambiente, de barreiras de canalização do fluxo para pontos controlados, de sinalização ou de identificação, de equipamentos de ação mecânica, de dispositivos eletrônicos ou simplesmente através da fiscalização humana, que também precisa estar combinada com todas as outras opções.

Itens como: política de controle de acesso, registro de usuário, gerenciamento de senhas e privilégios, política de uso dos serviços de redes, segregação de redes, controle de conexão e roteamento de rede, identificação de usuário, uso de utilitários de sistema, limitação de horário de conexão, restrição de acesso à informação, isolamento de sistemas sensíveis, computação e comunicação móvel são itens detalhados e abordados minuciosamente nesta seção.

## Cap. 10 – Criptografia

Em relação à criptografia, a norma recomenda que a organização seja capaz de assegurar o uso efetivo e adequado de criptografia para proteger a confidencialidade, autenticidade e integridade de suas informações. A política sobre o uso, proteção e tempo de vida das chaves criptográficas devem ser desenvolvidas e implementadas de forma a contribuir com o objetivo geral dessa seção.

## Cap. 11 – Segurança física e do ambiente

Neste universo de segurança da informação é importante observar cuidados também com a segurança física, com o intuito de prevenir o acesso físico não autorizado. Para evitar que outros usuários tenham acesso às áreas e informações da organização.

Convém que instalações onde encontram-se as informações sejam mantidas em áreas seguras, protegidas por um perímetro de segurança como: barreiras, controles de acesso, portões, paredes, etc.

É importante, não só a proteção contra o acesso de pessoas a locais e áreas não permitidas como também uma proteção física contra enchentes, falta de energia, incêndios, perturbações de ordem pública, desastres naturais ou causados pelo homem, etc.

Para aumentar a segurança também se faz necessário cuidado com os equipamentos, para que eles sejam protegidos contra ameaças físicas, ameaças do meio ambiente, furtos, perdas, danos, etc. Porém, caso acorra, é necessário uma manutenção correta para certificar a integridade completa da informação.

### Cap. 12 - Segurança das Operações

Garantir a operação segura e correta dos recursos de processamento da informação é o principal objetivo desse capítulo. Os procedimentos documentados devem ser preparados para cada atividade operacional.

Os procedimentos detalham como as normas de segurança são implementadas e, por conseguinte, dependem diretamente da tecnologia utilizada e da forma como a empresa está organizada. Todos os procedimentos devem ter um mesmo formato, padronizado para toda a empresa. Neste formato devem ser considerados a versão do procedimento, as responsabilidades das áreas envolvidas, os formulários associados e a rotina de trabalho propriamente dita.

Dentre estas áreas destacam-se as questões relativas a:

- procedimentos e responsabilidades operacionais;
- gerenciamento de serviços terceirizados;
- planejamento e aceitação dos sistemas;
- proteção contra códigos maliciosos e códigos móveis;
- cópias de segurança;

- gerenciamento da segurança em redes;
- manuseio de mídias;
- sincronização dos relógios;
- troca de informações;
- serviços de comércio eletrônico;
- monitoramento.

Devido ao alto grau de risco na operacionalização dos sistemas internos e externos nas corporações podemos observar vários procedimentos detalhados para garantir operações seguras nos recursos de processamento de informação. Itens como: backup, documentação de procedimento, segregação de funções, terceirizados, proteção contra códigos maliciosos, cópias de segurança, são discutidos minuciosamente para ter maior aproveitamento na elaboração da política de segurança da operacionalização dos sistemas.

As mudanças na organização, nos processos de negócio, nos recursos de processamento da informação também devem ser controladas. Além disso, os requisitos de capacidade devem ser identificados e adequadamente gerenciados levando-se em consideração a criticidade do negócio.

Para a melhor gestão da segurança da informação a norma recomenda a separação dos ambientes de desenvolvimento, teste e produção. Essa separação reduz os riscos de acesso ou modificações não autorizadas.

## Cap. 13 - Segurança nas comunicações

Quando colocamos uma informação, aplicativo ou sistema em produção, é necessária a observação do tráfego destas informações no ambiente de rede da corporação, adicionando controles adicionais que podem ser necessários para proteger informações sensíveis no tráfego sobre redes interna e externa. Controles adicionais como: controles de rede, manuseio de mídia, alerta na troca de informação, mensagem eletrônica, transações online, monitoramento do uso de sistema, registro de auditoria e sincronização de relógios, ajudam em vários segmentos da proteção da informação corporativa, evitando o vazamento da informação, pirataria e cópias não autorizadas, facilidade na auditoria e controle maior sobre o usuário.

## Cap. 14 – Aquisição, desenvolvimento e manutenção de sistemas de informação

A aquisição, desenvolvimento e manutenção de sistemas de informação é uma das áreas mais atingidas pelos aspectos da segurança. Muitos dos problemas de segurança existentes hoje não são nem físicos, nem de procedimento, mas sim devido a erros de programação ou de arquiteturas falhas.

Existe uma grande pressão nas equipes de desenvolvimento no sentido de construir um programa, ou uma aplicação, ou um sistema e fazer a entrega do produto o mais rápido possível ao usuário, deixando de lado um ponto importante na construção dos mesmos, que é visão de segurança nos programas elaborados. É de grande importância que o Gestor esteja sempre com os seguintes propósitos:

- Garantir a segurança na parte integrante do sistema de informação;
- Prevenir a ocorrência de erros, perdas, modificações não autorizadas e o mau uso de informações nas aplicações;
- Proteger a confidencialidade, a autenticidade ou a integridade das informações por meios criptográficos;
- Garantir a segurança de arquivos de sistemas.

O objetivo deste capítulo é de fornecer sugestões para criar ambientes confiáveis no que se refere ao desenvolvimento e manutenção de sistema de informação.

Dentre os tópicos a serem apresentados neste capítulo, são:

- Requisitos de segurança de sistemas de informação;
- Processamento correto nas aplicações;
- Controles criptográficos;
- Segurança dos arquivos do Sistema.

## Cap. 15 – Relacionamento na Cadeia de Suprimento

O relacionamento na cadeia de suprimento tem por objetivo garantir a proteção dos ativos da organização que são acessados pelos fornecedores. A organização deve identificar os controles de segurança da informação que tratem especificamente do acesso do fornecedor às informações, de forma a mitigar os riscos associados a esse acesso. Esses controles devem prever:

- Identificação da segurança da informação nos acordos com fornecedores;
- Gerenciamento da entrega do serviço do fornecedor;
- Monitoramento e análise crítica dos serviços do fornecedor e
- Gerenciamento de mudanças para serviços com fornecedores.

## Cap. 16 – Gestão de Incidentes de Segurança de Informação

Este capítulo da norma visa assegurar que um enfoque consistente e efetivo seja adotado para gerenciar os incidentes de segurança de forma que inclua a comunicação das fragilidades e eventos de segurança da informação.

As responsabilidades e procedimentos devem ser estabelecidas para assegurar rápida resposta aos incidentes de segurança da informação. Os eventos de segurança devem ser relatados por meio de canais de gestão o mais rapidamente possível e as fragilidades devem ser registradas pelos usuários dos serviços e sistemas de informação.

Os eventos devem ser analisados e avaliados, de acordo com as escalas previstas e acordadas, para decisão sobre a categorização deles como incidente de segurança. Os eventos categorizados como incidentes devem ser reportados conforme os procedimentos documentados.

## Cap. 17 – Gestão da Continuidade do Negócio

Este capítulo reforça a necessidade de ter um plano de continuidade e contingência desenvolvido, implementado, testado e atualizado.

O processo de continuidade deve ser posto em prática para reduzir a interrupção causada por um desastre ou falha na segurança para um nível aceitável através de uma combinação de ações preventivas e de recuperação.

As consequências de desastre, falhas de segurança e perda de serviços devem ser desenvolvidas e implementadas para garantir que os processos do negócio possam ser recuperados no tempo devido; seguindo os itens abaixo:

- Notificação de fragilidades e eventos de segurança de informação;
- Gestão de incidentes de segurança da informação e melhorias.

Com este panorama apresentado atualmente, verificamos que as diretrizes criadas nos segmentos da segurança da informação são imprescindíveis para as instituições, e que neste cenário empresarial está cada vez mais globalizado, sem limites geográficos para a concorrência, é necessário garantir a continuidade e competitividade no negócio.

## Cap. 18 – Conformidade

O capítulo da Conformidade visa evitar violação de quaisquer obrigações legais, estatutárias, regulamentares ou contratuais relacionadas à segurança da informação. Todos os requisitos legais devem ser explicitamente identificados, documentados e mantidos atualizados. Aqui devem ser garantidos o direito de propriedade intelectual, a proteção de registros e patentes e a privacidade de informações de identificação pessoal.

A conformidade assegura que a segurança da informação esteja implementada e seja operada de acordo com as políticas e procedimentos da organização.

# 3. EXEMPLO DE CICLO DE VIDA DE DESENVOLVIMENTO SEGURO

O processo apresentado a seguir é o *Trustworthy Computing Software Development Lifecycle* ou simplesmente SDL, usado pela Microsoft e disponível em www.microsoft.com.

### 1. O Processo

O processo, de uma forma geral, é similar aos praticados pela indústria de software. Seu fluxo é mostrado na figura abaixo.

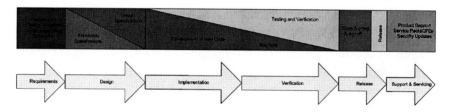

Embora a figura acima pareça um processo de desenvolvimento em cascata, na verdade é um espiral. Requisitos (Requirements) e Projeto (Design) são revisados durante a implementação, para responder às necessidades de mudanças que o mercado exige e às circunstâncias que envolvem a implementação. Além disso, o processo de desenvolvimento enfatiza a necessidade de ter código executável pronto em quase todos os pontos de tal forma que cada marco (*milestone*) é de fato resultante na liberação de uma série de *builds* que podem ser testadas e usadas operacionalmente (pela equipe de desenvolvimento) de uma forma contínua.

## 2. Visão Geral

A experiência com segurança de software tem demonstrado que um conjunto de princípios de alto nível para desenvolver software mais seguro precisa ser estabelecido. A Microsoft refere-se a esses princípios como SD3+C – Seguro por Design, Seguro por Default, Seguro na Distribuição e Comunicação. Uma descrição sucinta desses princípios seria:

**Seguro por Design**: Uma arquitetura pode ser desenhada para utilizar criptografia 3DES (triplo DES) para dados sensíveis antes de serem armazenados no banco de dados e o uso do protocolo SSL para transportar o dado através da Internet. Todo código é bastante verificado em busca de vulnerabilidades comuns usando ferramentas manuais e automáticas. A modelagem de ameaças é criada durante o processo de *design* do software.

**Seguro por Default**: O software é empacotado com medidas de segurança e os componentes potencialmente vulneráveis são desativados.

**Seguro na Distribuição**: Atualizações de segurança são fáceis de serem localizadas e instaladas – eventualmente são instaladas automaticamente – e ferramentas são disponibilizadas para o levantamento e gerenciamento dos riscos de segurança em toda a organização.

**Comunicação**: os desenvolvedores precisam estar preparados para descobrir vulnerabilidades nos produtos e comunicar aberta e responsavelmente os usuários finais e/ou administradores para ajudá-los a tomarem as ações preventivas necessárias.

Enquanto cada elemento do SD3+C exige requisitos no processo de desenvolvimento, os dois primeiros elementos – Seguro por Design e Seguro por Padrão – proveem os maiores benefícios da segurança. Seguro por Design trata do processo que pretende evitar a inclusão de vulnerabilidades em um primeiro momento, enquanto Seguro por Default requer que a exposição por padrão do software – sua "superfície de ataque" [HOWARD 2003a] – seja reduzida.

Empregar métricas de segurança destinadas a integrar o paradigma SD3+C no processo de desenvolvimento existente resulta no processo organizacional mostrado na figura abaixo

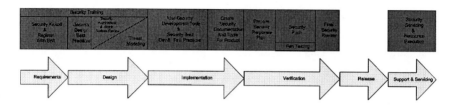

## 3. Fase Requisitos (Requirements)

A necessidade de considerar a segurança "de baixo para cima" é um princípio elementar no desenvolvimento seguro de sistema. Enquanto muitos projetos de desenvolvimento produzem versões posteriores baseadas nas liberações precedentes, a fase de requisitos e planejamento inicial de uma nova liberação ou versão oferece a melhor oportunidade de construir o software de forma segura.

Durante a fase de requisitos, a equipe de projeto deveria contar com o apoio de um conselheiro de segurança, proveniente do grupo de segurança, para servir de intermediário e assessorar nas questões pertinentes à segurança. A função do conselheiro seria de ajudar a equipe de projeto revisando planos, fazendo recomendação e garantindo que o grupo de segurança planeje os recursos necessários para oferecer suporte ao cronograma da equipe de projeto. O conselheiro de segurança permanece como intermediário da equipe de projeto com o grupo de segurança até a Revisão Final de Segurança e liberação do software. O conselheiro de segurança é o elo entre a equipe de projeto e o grupo de segurança, nos dois sentidos, pois depois de liberada a versão a equipe de segurança pode necessitar estabelecer contato com a equipe de projeto visando evitar surpresas relacionadas às falhas de segurança.

A fase de requisito é a oportunidade que a equipe de projeto tem para considerar como a segurança será integrada no processo de desenvolvimento, identificar objetos-chave de segurança e aumentar a segurança do software enquanto reduz as chances de não cumprimento dos planos e cronograma. Faz parte dessa fase, considerar as características de segurança e assegurar que as medidas do software se integrarão com demais softwares com os quais faça interface. A documentação é fundamental para acompanhar os objetivos de segurança, pois à medida que o projeto prossegue, as mudanças ocorrem e uma manutenção da documentação desde o princípio ajuda a garantir que os requisitos estão registrados para evitar surpresas de última hora.

Os requisitos característicos de segurança deveriam fazer parte dessa fase. Enquanto alguns requisitos de segurança serão identificados posteriormente em resposta às ameaças, os requisitos dos usuários tendem a incluir características de segurança necessárias a eles. Requisitos de segurança também, muitas vezes, precisam se coadunar com padrões de mercados e processos de certificações como é o caso do Common Criteria. A equipe de projeto deve identificar e registrar tais requisitos como parte normal do processo de planejamento

**4. Fase de Design**

A fase de design identifica de forma geral os requisitos e estruturas do software. De uma perspectiva de segurança, os elementos principais dessa fase seriam:

- Definir a arquitetura de segurança e princípios de design: Delinear a estrutura geral do software sob uma perspectiva de segurança, identificando, por exemplo, os componentes a serem confiados.

- Documentar os elementos da superfície de ataque do software: Sendo a segurança perfeita algo inatingível, é preciso restringir o uso de recursos desnecessários e limitar o acesso àqueles críticos.

- Fazer levantamento de ameaças: A equipe de projeto faz o levantamento de ameaças analisando componente a componente. Por meio de metodologia estruturada, a equipe de projeto levanta os ativos a serem protegidos e as interfaces pelas quais os ataques a eles poderiam ocorrer. Dessa forma, contramedidas podem ser encontradas para mitigar os riscos.

- Definir critérios suplementares de liberação: Procedimentos de liberação deveriam pertencer ao nível organizacional, mas equipes de projetos ou equipes de manutenção podem necessitar de critérios específicos para liberação. Por exemplo, a equipe de manutenção pode ser impedida de liberar um *release* corrigindo alguma falha de segurança devido à equipe de desenvolvimento ter identificado e corrigido uma falha antes da mesma ser reportada. Assim, a correção da versão reportada seria desnecessária.

## 5. Fase de Implementação

Durante a fase de implementação, a equipe de projeto codifica, testa e integra o software. Medidas para evitar ou remover falhas de segurança nessa fase são muito importantes, pois reduzem significativamente a probabilidade de que vulnerabilidades estejam presentes na versão final.

O levantamento das ameaças guia a fase de implementação. Desenvolvedores atentam para garantir com exatidão que o código mitiga as ameaças mais graves e os testadores investigam se cada ameaça está realmente bloqueada ou abrandada. Os elementos do ciclo de vida seguro que se aplicam à fase de implementação são:

- Empregar padrões de codificação e teste
- Empregar ferramentas de teste de segurança incluindo *fuzzing*[7]
- Empregar ferramentas de análise estática de código
- Revisar o código

## 6. Fase de Verificação

A fase de verificação é aquela em que o software está funcionalmente completo e os *beta-testers* começam a testar. Durante essa fase, enquanto o software é submetido à fase de *beta* teste, a equipe de projeto faz uma "investida de segurança" que inclui a revisão do código de forma mais aprofundada e completa que as revisões realizadas na fase anterior.

A investida de segurança feita na fase de verificação garante que a revisão e teste do código atenham-se a versão final do software e sirva de oportunidade para a revisão do código que foi desenvolvido / atualizado durante a fase de implementação e o código legado que não foi modificado. O motivo é que, fazendo uma segunda investida na fase de verificação, torna-se uma boa prática para garantir que a versão final atenda aos requisitos e permite uma revisão mais aprofundada no código legado que foi trazido das versões anteriores.

## 7. Fase de Liberação

Na fase de liberação, o software deveria ser objeto de uma Revisão Final de Segurança (RFS). O objetivo é responder a uma questão: Do ponto de vista de segurança, o software está pronto para ser liberado? Dependendo do escopo do projeto, o software pode ser submetido à Revisão Final de Segurança dois ou seis meses antes de completado.

A RFS é uma revisão independente conduzida pelo grupo de segurança da organização. O conselheiro de segurança comunica ao grupo de projeto sobre o escopo do RFS e fornece uma lista de requisitos antes da revisão. O grupo de projeto fornece os requisitos solicitados e o RFS inicia-se com o preenchimento de um questionário pelo grupo de projeto, seguido de uma entrevista. Cada RFS necessitará de uma revisão de *bugs* que foram inicialmente considerados como *bugs* de segurança, mas, uma análise posterior determinou que não teria impacto na segurança, para garantir que a análise foi feita corretamente. Um RFS também inclui uma revisão da capacidade do software em resistir as vulnerabilidades relatadas em softwares similares. Um RFS mais aprofundado incluirá teste de penetração e, potencialmente, a contratação de terceiros para suplementar a equipe de teste de segurança.

## 8. Fase de Manutenção (Support and Servicing)

Apesar de todos os esforços feitos nas fases de desenvolvimento, não é possível garantir que o software seja imune às vulnerabilidades – e há motivos para acreditar que nunca será. Mesmo que o processo de desenvolvimento elimine todas as vulnerabilidades em um software liberado, novas formas de ataques que comprometam a segurança do software podem ser descobertas. Assim, as equipes do produto devem preparar-se para responder às novas vulnerabilidades descobertas após a liberação.

Parte do processo de resposta a incidentes envolve a necessidade de preparação para avaliar relatórios de vulnerabilidades e liberar notificações e atualizações de segurança quando apropriado. O outro componente do processo de resposta é conduzindo um *post-mortem* de vulnerabilidade relatada e tomando as medidas necessárias. As ações em resposta a uma vulnerabilidade variam de emitir uma atualização em resposta a um erro isolado até a atualizar ferramentas de verificação de código para iniciar revisões dos subsistemas principais. O objetivo durante a fase de resposta é aprender com os erros e usar a informação fornecida nos relatórios de vulnerabilidades para ajudar a detectar e eliminar vulnerabilidades adicionais, antes que sejam descobertos na prática. O processo de resposta ajuda também a equipe do projeto e a equipe de segurança a adaptar processos para que erros similares não sejam repetidos no futuro.

# BIBLIOGRAFIA

ALBUQUERQUE, Ricardo e RIBEIRO, Bruno. Segurança no desenvolvimento de software. Rio de Janeiro: Campus, 2002. ISBN 85.352.1095-4

ALVES-FOSS, J.; BARBOSA, S. *Assessing Computer Security Vulnerability*,

ACM SIGOPS Operating System Review, 1995.

ALVES, Gustavo Alberto. Segurança da Informação: Uma visão inovadora da gestão. Rio de Janeiro: Ciência Moderna, 2005. ISBN 85.739.3472-7

ANDERSON, R. *Why Information Security is Hard - An Economic Perspective*, Annual Computer Security Applications Conference, Dezembro, 2001.

BARROS, ROBERTO SOUTO MAIOR prefácio para Antonio Mendes *Arquitetura de Software - Desenvolvimento orientado para arquitetura*, Editora Campus, 2002.

BASS, L.; CLEMENTS, P.; KAZMAN, R. *Software Architecture in Practice*, Addison-Wesley, 1998.

BEAL, Adriana. Segurança da Informação. São Paulo: Atlas, 2005. ISBN 85.224.4085-9

BEATTIE, S.; ARNOLD, S.; COWAN, C.; WAGLE, P.; WRIGHT, C.; SHOSTACK, A.*Timing the Application of Security Patches for Optimal Uptime*, LISA XVI, Novembro, 2002.

BECK, K. *Test-Driven Development by Example*, Addison Wesley, 2002.

BOEHM, B.; BROWN, J. R.; LIPOW, M. *Quantitative Evaluation on Software Quality*, IEEE Computer Society Press, Outubro, 1976.

BOEHM, B. W. et al. *Characteristic of Software Quality*, Amsterdam: North Holland,1978.

BROOKS JR., J. P. *No Silver Bullet: Essence and Accidents of Software Engineering*, IEEE Computer, Vol. 20, No. 4, Abril, 1987.

BROWN, M. J. W.; STIKVOORT, D.; KOSSAKOWSKI, K. P.; KILLCRECE, G.; RUEFLE, R.; ZAJICEK, M. *Handbook for Computer Security Incident Response Teams (CSIRTs)*, CMU/SEI, Ed. 2, Abril, 2003.

BROWNE, H.; MCHUGH, J.; ARBAUGH, W.; FITHEN, W. *A Trend Analysis of Exploitations*, IEEE Symposium on Security and Privacy, CS-TR-4200, UMIACSTR-2000-76, Maio, 2001.

CAMPOS, André. Sistema de Segurança da Informação. Rio de Janeiro: Visual Books, 2005. ISBN 85.750.2181-8

CARUSO, Carlos A. A. e STEFFEN, Flávio Deny. Segurança em Informática e de Informações. São Paulo: SENAC São Paulo, 1999. ISBN 85.735.9096-3

COMMON CRITERIA MUTUAL RECOGNITION AGREEMENT PARTICIPANTS, *Common Criteria Mutual for Information Technology Secutity Evaluation v.2.1*, Common Criteria Support Environment, 1999.

COMMON CRITERIA MUTUAL RECOGNITION AGREEMENT PARTICIPANTS, *Common Evaluation Methodology*, Common Criteria Support Environment, 2000.

COMMON CRITERIA MUTUAL RECOGNITION AGREEMENT PARTICIPANTS, *Common Criteria Introduction*, Common Criteria Support Environment, 2002.

COMMON CRITERIA MUTUAL RECOGNITION AGREEMENT PARTICIPANTS, *Common Criteria User Guide*, Common Criteria Support Environment, 2002.

DACIER, M.; DESWARTE, Y. *Privilege Guide: An Extention to the Typed Access Matrix Model*, Proceedings of the Third European Symposium on Research in Computer Security, 1994.

DAVIS, A. *Softwtare Architecture: Objects, Functions and States*, Prentice-Hall, 1993.

DAWEL, George. Segurança da Informação nas Empresas, A: Ampliando horizontes além da tecnologia. Rio de Janeiro: Ciência Moderna, 2005. ISBN 85.739.3364-x

DEAN, D.; FELTEN, E. W.; WALLACH, DS. *Java Security: From HotJava to Netscape and Beyond*, IEEE Symp. Security and Privacy, IEEE Press, 1996.

DEMARCO, T. *Controle de Projetos de Software*, Editora Campus, 1989.

DIFFIE, W.; HELLMAN, M. E. *New Directions in Cryptography*, IEEE Trans. on Inform. Theory, Vol IT-22, Novembro, 1976.

FERREIRA, Fernando N. Freitas. Segurança da Informação. Rio de Janeiro: Ciência Moderna, 2003. ISBN 85.739.3290-2

FERREIRA, Fernando N. Freitas e ARAUJO, Marcio T. Política de Segurança da Informação: Guia prático para elaboração e Implementação. Rio de Janeiro: Ciência Moderna, 2006. ISBN 85.739.3503-0

FONTES, Edson. Segurança da Informação. São Paulo: Saraiva, 2005. ISBN 85.020.5442-2

FONTES, Edson. Vivendo a Segurança da Informação. São Paulo: Ed. Sicurezza, 2000. ISBN 85.872.9703-1

GARLAN, D.; PERRY, D. *Introduction to Software Architecture*, in Advances in Software Engineering and Knowledge Engineering, Vol. 1, World Scientific Publishing, 1993.

GONÇALVES, L. R. O. *O surgimento da Norma Nacional de Segurança de Informação NBR ISO/IEC-1779:2001*, Lockabit - Portal de Segurança da Informação, COPPEUFRJ, http://www.lockabit.coppe.ufrj.br/rlab/rlab_textos.php?id=85, 2003. Último acesso em 10/04/2005.

HOHMANN, L. *Beyond Software Architecture - Creating and Sustaining Winning Solutions*, Addison-Wesley, 2002.

HONEYNET PROJECT - The, *Conheça seu Inimigo*, Makron Books, 2002.

HOWARD, M.; LEBLANC, D. *Writing Secure Code*, Microsoft Press, 2002.

HOWARD, M.; PINCUS, J.; WING, J. M. *Measuring Relative Attack Surface*, Proceeding of Workshop on Advanced Developments in Software and System Security, 2003.

HOWARD, M. *Fending Off Future Attacks by Reducing Attack Surface*, Secure Windows Initiative, Fevereiro, 2003.

HOWARD, M. *Mitigate Security Risks by Minimizing the Code You Expose to Untrusted Users*, MSDN Magazine, Novembro, 2004.

SOFTWARE ENGINEERING STANDARDS COMMITTEE *IEEE Recommended Practice for Software Requirements Specifications*, IEEE Computer Society Press, 1993.

IMONIANA, Joshua Onome. Auditoria de Sistemas de informação.- São Paulo: Atlas, 2005. ISBN 85.224.3944-3

ISO JTC 1/SC 27 Commitee *ISO/IEC 15408-1:1999 Information Technology – Security Techniques - Evaluation Criteria for IT Security - Part 1: Introduction @ General Model*, ISO Online Catalogue, 1999.

ISO JTC 1/SC 27 Commitee *ISO/IEC 15408-1:1999 Information Technology – Security Techniques - Evaluation Criteria for IT Security - Part 2: Security Functional Requirements*, ISO Online Catalogue, 1999.

ISO JTC 1/SC 27 Commitee *ISO/IEC 15408-1:1999 Information Technology – Security Techniques - Evaluation Criteria for IT Security - Part 3: Security Assurance Requirements*, ISO Online Catalogue, 1999.

ISO *ISO/IEC 17799 Code of Practice for Information Security Management*, ISO Online Catalogue, 1999.

KELLER, S. E.; KAHN, L. G.; PANARA, R. B. *Specifying Software Quality Requirements with Metrics*, IEEE Computer Society Press, 1990.

LEE, I.; IYER, R. *Faults, Symptoms, and Software Fault Tolerance in the Tandem GUARDIAN Operationg System*, Proceeding of the International Symposium on Faut Tolerant Computing, 1993.

LEUTWYLER, K. *Superhack: Forty Quadrillion Years Early, a 129-Digit Code is Broken*, Scientific American 271, 1994.

LIMA, A. P. *Algoritmos de Chave Pública: Estado da Arte*, III Seminário de Informática - Segurança da Informação, Instituto Metodista Bennett e Instituto Militar de Engenharia, 2002.

LIPNER, S.; HOWARD, M. *The Trustworthy Computing Security Development Lifecycle* IEEE Annual Computer Security Applications Conference, 2004.

LITTLEWOOD, B; BROCKLEHURST, S.; FENTON, N.; MELLOR, P.; PAGE, S.; WRIGHT, D. *Towards Operational Measures of Computer Security*, Journal of Computer Security, 1993.

MANADHATA, P.; WING, J. M. *Measuring a System Attack Surface*, USENIX Security Symposium, 2004.

MENDES, A. *Arquitetura de Software - Desenvolvimento orientado para arquitetura*, Editora Campus, 2002.

MICROSOFT SECURITY RESPONSE CENTRE *SECURITY BULLETINS*, http://www.microsoft.com/technet/security/ Último acesso em 24/04/07.

MITRE *Common Vulnerabilities Exposures*, http://www.cve.mitre.org Último acesso em 24/04/07.

ABNT ISO/IEC, *Tecnologia da Informação - Processos de ciclo de vida de software*, ABNT, 1998.

ABNT ISO/IEC, *Engenharia de Software – Qualidade de produto. Parte 1: Modelo de qualidade*, ABNT, 2003.

NERY, F.; PARANHOS, M. *Cobit ou ISO 17799? Iniciando a Reflexão*, Módulo Security Magazine Portal, Módulo Security, http://www.modulo.com.br, 2005. Último acesso em 10/04/2005.

ORTALO, R.; DESWARTE, Y.; KAÂNICHE, M. *Experimenting with Quantitative Evaluation Tools for Monitoring Operational Security*, IEEE Transactions on Software Engineering, 1999.

PALLEN, L.; DOURISH, P. *Unpacking Privacy for a Networked World*, Proc. Conf. Human Factors in Computing Systems, ACM Press, 2003.

PAUL, L. G. *Building Code*, CSO Magazine, Fevereiro, 2005.

PEIXOTO, Marcio Cesar P.. Engenharia Social e Segurança da Informação na Gestão Corporativa. São Paulo: Brasport, 2006. ISBN 85.745.2256-2

PRICOLA, L. *Estruturação e operação de um Grupo de Resposta a Incidentes de Segurança*, Módulo Security Magazine Portal, Parte I, http://www.modulo.com.br, 2005. Último acesso em 24/04/2006.

RFC 2350 – BROWNLEE, N.; GUTTMAN, E. *Expectations for Computer Security Incident Response*, BCP 21, Junho, 1998.

RFC 2828 – SHIREY, R. *Internet Security Glossary*, FYI 36, Request For Comments, Maio, 2000.

RFC 3227 – BREZINSKI, D. *Guidelines for Evidence Collection and Archiving*, BCP 55, Request For Comments, Fevereiro, 2002.

RIOS, E., RODRIGUES, T. *Projeto e Engenharia de Software – Teste de Software*, Editora Alta Books, 2002.

RIVEST, R. L., SHAMIR, A.; ADLEMAN, L. *On a Method for Obtaining Digital Signature and Public Key Cryptosystems*, Commun, ACM, Vol 21, Fevereiro, 1978.

ROMAN, G. C. *A Taxonomy of Current Issues on Requirements Engineering*, IEEE Computer, Vol. 18, No. 4, Abril, 1985.

ROSS, R.; SWANSON, M.; STONEBURNER, G.; KATZKE, S.; JOHNSON, A. *Guide for the Security Certification and Accreditation of Federal Information Systems*, NIST, Maio, 2004.

RUFINO, N. M. O. *Segurança Nacional - Técnicas e Ferramentas de Ataque e Defesa de Redes de Computadores*, Novatec Editora, 2002.

SALDANHA, Fernando. Introdução a planos de continuidade e contingência operacional. 1.ed. Rio de Janeiro: Papel Virtual, 2000

SANTOS, José Luiz do. SCHMIDT, Paulo e ARIMA, Carlos Hideo. Fundamentos de Auditoria de Sistemas, V.9: Coleção Resumos de Contabilidade. São Paulo: Atlas, 2006. ISBN 85.224.4251-7

SASSE, M. A.; BROSTOFF, S.; WEIRICH, D. *Transforming the 'weakest link' – A Humam-Computer Interaction Approach to Usable and Effective Security*, BT Technology Journal, Vol. 19, No. 3, 2001.

SCHNEIER, B. *Applied Cryptography: Protocols, Algorithms, and Source Code in C*, John Wiley & Sons, 2a. Edição, 1995.

SCHNEIER, B. *Secrets and Lies: Digital Security in a Networked World*, John Wiley & Sons, 2000.

SCHNEIER, BRUCE prefácio para Ross Anderson, *Security Engineering: A Guide to Building Dependable Distributed Systems*, John Wiley & Sons, 2001.

SCHNEIER, B. *Crypto-gram - September 15, 2004*, Counterpane Internet Security Inc., 2004.

SCHNEIER, B. *Crypto-gram - March 15, 2005*, Counterpane Internet Security Inc., 2005.

SEMOLA, Marcos. Gestão de Segurança da Informação: Uma visão executiva. – São Paulo: Ed. Campus, 2003. ISBN 85.352.1191-8

SHANNON, C. E. *A Mathematical Theory of Communications Systems*, Bell Syst. Tech. J., Vol 27, Parte I - pg 379-423, Parte II - pg 623-656, 1948.

SHAW, M. *Larger Scale Systems Require Higher-Level Abstractions*, Proc. of the International Workshop Engineering Notes, Vol. 20, No. 1, Janeiro, 1989.

SHAW, M.; GARLAN, D. *Software Architecture - Prespectives on a Emerging Discipline*, Prentice Hall, 1996.

SPYMAN *Manual Completo do Hacker*, 2ª ed., Book Express, 1998

SULLIVAN, M.; CHILLARGE, R. *Software Defects and Their Impact on System 118 Availability*, Proceeding of the International Symposium on Faut Tolerant Computing, June, 1991.

TANENBAUM, A. S. *Computer Networks*, Prentice Hall, 2a. Edição, 1989.

THAYLER, R.; DORFMAN, M. *System and Software Requirements Engineering*, IEEE Computer Society Press, 1990.

TOMELLI, Leonardo *Segurança no Desenvolvimento de Software*, MSDN Magazine, Vol. 1, No. 3, Janeiro, 2004.

TORRES, D. *Segurança Máxima de Software*, Brasport, 2003.

VIEGA, J.; MCGRAW, G. *Building Secure Software*, Addison-Wesley, 2002.

VIEGA, J.; MESSIER, M. Secure Programming Cookbook for C and C++, O'Reilly, 2003. VOAS, J.; GHOSH, A.; MCGRAW, G.; CHARRON, F.; MILLER, K. *Defining an Adaptive Software Security Metric from a Dynamic Software Failure Tolerance Measure*, Proceedings of the 11th Annual Conference on Computer Assurance,1996.

WENSTROM, M. J. *Managing Cisco Network Security*, Editora Alta Books, 2002.

WHITTEN, A.; TYGAR, D. *Why Johnny Can't Encrypt*, Proceeding of 8th Usenix Security Symposium, 1999.

WING, J. M. *Beyond the Horizon: A Call to Action*, IEEE Security and Privacy. Novembro/Dezembro 2003.

YOURDON, E. *Projetos Virtualmente Impossíveis*, Makron Books,